내가
없다

내가 없다

발행일	2017년 8월 25일

지은이	신 동 완
펴낸이	손 형 국
펴낸곳	(주)북랩
편집인	선일영　　　　편집　이종무, 권혁신, 이소현, 송재병, 최예은
디자인	이현수, 김민하, 이정아, 한수희　　제작　박기성, 황동현, 구성우
마케팅	김회란, 박진관, 김한결
출판등록	2004. 12. 1(제2012-000051호)
주소	서울시 금천구 가산디지털 1로 168, 우림라이온스밸리 B동 B113, 114호
홈페이지	www.book.co.kr
전화번호	(02)2026-5777　　　　　　팩스　(02)2026-5747

ISBN	979-11-5987-727-8 03100 (종이책)　　979-11-5987-728-5 05100 (전자책)

이 도서의 국립중앙도서관 출판예정도서목록(CIP)은 서지정보유통지원시스템 홈페이지(http://seoji.nl.go.kr)와
국가자료공동목록시스템(http://www.nl.go.kr/kolisnet)에서 이용하실 수 있습니다.
(CIP제어번호 : CIP2017020109)

나는 과연 세상의 중심인가?

내가 없다

신동완 철학 에세이

북랩 book Lab

머리글

    인류는 문명을 만들고 놀라운 진보를 거듭해 왔다. 그럼에도 수천 년 전의 미신들은 여전히 우리 삶의 주축이다. 그런 미신들이 아직까지 인간 삶을 지배하고 있다는 것은 놀라운 일이다. 그러나 보다 놀라운 일은 이런 미신적 사회체제가 아무 문제 없이 잘 작동하고 있다는 점이다. 아울러 수십억 인구가 감염된 미신적인 허구들을 앞장서서 제거하고자 하는 체계적인 노력도 이루어지지 않고 있다.

    아닌 것을 아니라고 말하면 배척되는 문화가 있다. 우리의 철학적 과학적 성과들은 너무도 미흡하지만 아닌 것을 아니라고 말할 수 있는 단계에까지는 와 있다. 진리에 대한 우리의 계속된 진행을 막고 있는 것은 인류의 성과가 부족한 것 때문만은 아니다. 그것은 지금까지 밝혀온 진실들을 아직도 받아들이지 못하는 그저 그런 우리와 용기 없는 지식인들의 문제라 할 수 있다.

내가
없다

우리들 대부분은 오래된 신화의 허구에 발을 디디고 서 있다. 그리고 우리는 그 허구가 무너지면 자신의 자의식이 공격 당하는 것으로 믿고 방어 본능의 기제를 작동시킨다. 이미 밝혀진 진실의 조각들을 받아들이는 것만으로도 인간은 위대한 변화와 새로운 진보의 발걸음을 이어 갈 수 있다.

문명사회에 빽빽하게 들어 차 있는 허구와 미신과 해악한 신화들을 걷어 내는 작업 없이 인류의 미래는 없다. 문명세계에서 말도 안 되는 허망한 일들이 매일 벌어지고 있다. 그리고 우리 중 누구도 그 허망한 덫에서 자유롭지 못하다. 이런 비극적 문명사를 끝내야 한다는 책임감이 있다.

문명의 시대에도 진실을 말하는 것에 어느 정도 큰 용기가 필요한지 자각하는 이들은 많지 않다. 갈릴레오는 지구가 돌고 있다고 말하는 것에 생명을 걸었다. 우리들 대부분은 갈릴레오가 참

미개한 시대에 살았구나 하고 말하겠지만 우리시대 역시 거기에서 몇 발자국 움직이지 못했다는 것을 알아야 한다. 진실을 받아들이고 증언하는 것은 용기가 필요한 일이다.

우리 중 누군가 진실을 말한다면 가장 작은 사람도 위대해질 수 있을 것이다. 그런 위대함에 같이 참여하는 작은 기회가 되길 바라는 마음에서 미흡하지만 책의 출간을 결정하게 되었다.

2017년 8월
신동완

내가
없다

같은 고교를 졸업하고 가톨릭 사제가 되기 위해 한날 신학교에 입학했던 저자는 자기 소개를 통해 '신의 사랑에 실망하고 중퇴'하였다고 기록하고 있다. 푸르렀으나 미숙했던 관념과 사유의 존재론적 혁명을 거듭한 후 신과 종교, 교회와 인간에 대한 인식과 정의가 어렴풋한 채 신부가 된 나와 다른 길에서 저자는 행복연구소를 설립하고 『내가 없다』라는 책을 발간하게 되었다고 말한다. 그의 길과 그의 저서가 인간의 참된 행복을 추구하는 나의 길과 다르지 않음을 믿는다. 그는 문화에 담긴 진리의 가치를 찾기 위해 '허구'의 가면을 벗고 만나야 할 참된 실존의 행복을 제시하고자 한다. 허구의 틀이 사라지고 허구의 신과 인간이 사라질 때 비로소 보이는 존재의 꿈, '행복'에 다가서고자 오늘도 구도자처럼 나아가며 펴내는 이 책에 인간의 참된 행복을 위해 모든 걸 내려놓았

던 신의 축복을 기원한다.   — 가톨릭문화원장/신부 **박유진**

인간과 삶 그리고 세상에 대한 자신의 냉철한 이해를 가감 없이 쓴 기록이다. 염세적인 듯 하지만 깊은 희망을 보여주려는 몸부림으로 읽히는 저자의 주장은 누구에게나 깊은 울림을 주리라.

— 아주대학교 의과대학 정신과 교수 **노재성**

이 책은 우리가 어떻게 사유와 성찰을 통해 진리와 진실을 보고 행복의 길을 찾을 수 있는지를 안내하고 있습니다. 많은 독자들이 이 책과 함께 우리 주변의 모든 것들을 의심하고 성찰하여 얻은 혜안과 깨달음으로 새로운 세상을 볼 것이라 생각합니다. 진리와 진실과 행복의 길을 찾는 환상적인 지적 산책을 떠나기를 강력히 권합니다.

— 가톨릭대학교 영어영문학부 교수 **이창봉**

내가
없다

차 례

제1장 허구 탐구

제2장 그 외의 허구들

제3장 허구를 지탱하는 원인

1
CHAPTER

허구
탐구

인간 문명의 적은 허구와 상상에 의한 거짓
된 믿음 체계이며 그것은 특히 종교와 민족
이다. 종교와 민족이 인간 생활에서 유용한
면이 있었다는 것은 사실이다. 삶을 위로하
고 연대감과 소속의식을 갖게 하며 경쟁을
촉진시키고 관리를 효율적으로 할 수 있었
다. 그러나 허구에 의한 거짓된 믿음 체계에
서 위로 받을 생각을 접어야 문명이 제 기능
을 찾아갈 것이다.

개념이라는
허구

개념은 늘 변하는 것이다. 사람들은 서로 다른 의미로 하나의 개념을 얘기한다. 사랑에 대한 개념은 지구의 인구수만큼 다양할 수 있다. 말이 있다고 해서 그 말에 해당하는 실체가 있다고 생각하면 안 된다.

'개념'이란 무엇인가에 대한 정의이고 관념이다. 사물이나 사건, 생각 등을 구체적 또는 추상적으로 정의해 주고 가장 간단하고 명료한 관념을 주는 것을 개념이라고 한다. 철학의 가장 중요한 과제는 개념을 정리하는 일이라고도 말할 수 있다. 우리가 배운다는 것도 개념을 성숙시키는 일과 다르지 않을 것이다.

개인이 가지고 있는 개념은 일생을 살면서 변하게 되고 그런 개념의 변화는 당연하고 바람직한 것이다. 자신의 경험, 타인과의 대화로부터 얻는 정보, 독서, 여행 등을 통해 우리는 새로운 지식을 얻게 되고 새로운 개념을 정의하게 된다. 새로운 개념은 새로운 통찰이며 지혜일 수 있다. 사랑이란 무엇인가에 대한 생각은 나이가 들면서 계속 변하고, 행복이란 무엇인가에 대한 개념도 인생의 단계마다 계속 변하고 성숙해지는 것이 일반적이다.

한 개인의 성장과정이 개념을 성숙시키는 것이라고 한다면 인류의 역사도 개념변화의 과정이라고 얘기할 수 있다. 개념이 바뀌면 인생도 바뀌고 역사도 문명도 바뀌게 된다.

고대사회에서는 계급에 따라 재산을 갖게 되는 것이 정의가 구현된 것이라 생각했다. 그러던 것이 자본주의가 정착되면서 계급이 아니라 개인의 능력에 따라 재산의 차이가 결정되는 것을 당연한 것으로 생각하게 되었다. 그러나 현대 복지국가에서는 능력도 중요하지만 필요한 곳에 우선적으로 재화가 분배되어야 한다고 생각한다. 이렇듯 시대에 따라 경제적 정의의 개념이 바뀌면 인류의 역사와 문화가 모두 바뀐다. 개인의 삶 역시 크게 변화하게 되는 것은 물론이다. 개념이란 하나의 단어를 뜻하지 않고 세계에 대한 개인 또는 사회집단의 이해나 해석을 담고 있기 때문이다.

인간이란 무엇인가에 대한 개념이 바뀌면 세상도 바뀐다. 신이 만든 만물의 영장이라는 개념과 미생물이 진화하여 오늘에 이르렸다는 개념의 인간관은 완전히 다른 것이고 개인이든 인류의 생활이든 모든 것에 크고 작은 변화를 만들게 된다. 개념의 설정과 변화와 성숙이 인간의 삶에 미치는 영향력은 놀라울 정도로 크다.

개념은 변하고 또 변해야 한다. 개념이 변하는 것이 인류의 진보이기 때문이다. 그럼에도 개념의 절대성을 주장하는 사람들이 있다.

개념이 오래도록 변하지 않는 사회는 안정된 듯 보이지만 정체된 사회이다. 개념이 변하지 못하고 하나로 고정된 사회는 위험한 사회이며 곧 소멸할 사회일 뿐이다.

본인이 가진 개념이 언제 어디서나 어떤 경우에도 옳다고 주장하는 사람들은 위험하다. 개념을 오직 하나의 의미로 파악하고 변치 않는 신념의 근거로 사용하는 것은 극단적으로 흐르기 쉽고 비극을 초래한다. 히틀러와 같은 인종주의자가 그랬고 내 교리만, 내 신만 옳다고 주장하는 종교인들도 그렇다. 수천 년 전의 개념에서 일자 일획도 바꿀 수 없다는 신념은 그것을 가진 사람과 집단을 정체시키고 인류의 문명을 정체시키는 위험성을 가지고 있다.

우리를 둘러싼 우주의 개념이 어떻게 변해 왔는지 되돌아봐야 한다. 인류 역사의 대부분의 기간 동안 우주는 지구라는 작은 범위가 전부였다고 생각해 왔다. 이천 년 전에야 비로소 태양과 행성이 지구를 도는 개념의 우주를 설명할 수 있었고, 오백 년 전부터는 지구가 태양 주위를 돌고 있다고 말할 수 있게 되었다. 최근에는 우리 은하가 돌기도 하고, 우주가 폭발해서 확장 중이기도 하며, 또는 우리가 사는 우주 외에 이런 우주가 수없이 많이 있다는 다중우주[1]의 개념도 나왔다. 앞으로 더 많은 우주의 개념이 나올 수 있고 나와야 한다.

개념은 하나의 설이고 패러다임[2]이라고 할 수 있다. 새로운 생각, 경험, 발견 등이 나오기까지 유효하게 활용할 수 있는 것이 개념이다. 인간에 대한 개념, 법과 정의에 대한 개념, 죽음에 대한 개념 등 모든 개념들은 열려 있고 새로운 정보와 사상을 기다리고 있다.

진정한 발견의 여정은 새로운 땅을 찾는 것이 아니라 새로운 눈으로 보는 것이다. 마르셀 프루스트[3]의 말이다. 변화를 거부하고 증거를 거부하고 합리적 추론을 거부하는, 언제까지나 하나의 개념을 고집하고 유지하려는 세력이 있다. 그들이 인류에 끼친 해

---

1 지구가 태양계의 중심이 아니고, 태양계가 우리 은하의 중심이 아니며, 우리 은하가 우주의 중심이 아니듯이, 우리 우주는 유일한 우주가 아니며 수많은 우주 중의 하나라는 가설.
2 주류적인 시각이나 관념 체계를 말한다. 새로운 패러다임이 나오면 기존의 패러다임과 충돌하게 되며 이 과정에서 이기는 패러다임이 주류가 된다. 미국의 과학자 토마스 쿤이 그의 저서 『과학혁명의 구조』(1962)에서 제시.
3 프랑스의 소설가, 주요 저작으로 『잃어버린 시간을 찾아서』가 있다.

내가
없다

악을 꼭 기억해야 한다.

개념이란 것이 늘 변화하고, 그럼으로써 사람들은 서로 다른 의미로 하나의 개념을 사용할 수 있다는 점은 우리의 소통을 개선시키는 데 중요한 사실이다.

또 한 가지 중요한 개념을 보는 관점은, 개념이 있다고 해서 그 실체가 있는 것은 아니라는 사실이다. 당연한 말이지만 흔히 하는 진지한 실수가 그것이다.

영혼에 대해 밤새 토론할 수 있지만 그렇다고 영혼이 있는 것은 아니다. 용에 대해 그림을 그릴 수 있지만 그에 해당하는 '용'이라는 실체가 있는 것은 아니다. 윤회에 대해 깊이 사색하고 윤회의 의미를 구체화할 수는 있겠지만 윤회가 실제로 작동하고 있다는 것은 아니다. 인간이 행복을 정의하고 개념화하는 일을 할 수 있지만 행복의 이데아[4]가 있는 것은 아니다. 이 책에서는 더 나아가서 '나'라고 하는 자아의 개념이 있다고 해서 '나'라는 실체가 있는 것이 아니라는 사실도 밝혀 볼 것이다. 인간의 언어에 하나의 단어가 있을 때 그에 해당하는 의미가 하나만 있는 것은 아니다. 하나

---

4 그리스 철학자 플라톤 철학의 중심개념으로 감각세계 너머에 있는 실재이자 모든 사물의 원형을 말함.

의 단어가 있다고 해서 그에 해당하는 본질적인 하나의 실체가 별도로 있는 것도 아니다. 우리는 우리가 사용하는 단어에 대해, 그 개념에 대해, 그 실체에 대해 그들 간의 연결이 완벽할 것이라는 막연한 생각을 가지고 있다. 이 책에서는 단어에 있어서 올바른 개념이 하나고, 개념이 있다면 실체도 있다고 자연스럽게 생각하는 것이 인류 문명의 치명적 장애이며 인류의 재앙을 만들어 왔다는 점을 파헤쳐 볼 것이다.

과거에도 그랬지만 앞으로도 인류의 역사와 미래는 개념의 변화에 의해 만들어질 것이다. 인간이란 무엇인가에 대한 개념이 바뀌면, 현재의 인류는 절멸하거나 새로운 형태의 삶을 얻을 것이다. 기술의 변화나 무기의 변화는 중요하지만 작은 변화를 만든다. 개념이 변화하면 크게 바뀌고 모든 것이 바뀐다. 그래서 급변하는 현대과학의 세상에서도 개념을 정리하는 역할을 하는 철학과 인문학의 중요성은 더욱더 중요해진다.

내가
없다

생명이라는
허구

과학 다큐멘터리를 보면 생명이 탄생하는 과정을 애니메이션으로 보여 준다. 원시지구에 유기물이 생긴다. 그러다 갑자기 번개가 치면서 불현듯 신비한 작용에 의해 작은 생물이 생기게 된다. 정말 생명은 그렇게 신비한 과정을 거쳐서 탄생된 것일까? 초기에 생명이 어떻게 생겨났는지는 아직 알 수 없다. 그러나 생명이 생명 아닌 것에 비해 대단한 무엇인지에 대해서는 우리의 의견을 낼 수 있다.

생명이란 무엇인가? 생명은 살아있는 것이다. 죽어 있는 것이 아니다. 그러나 생물학이 발달한 오늘에 이르기까지 생명의 뜻을 명확히 정의하는 것은 어려운 숙제이다. 물질대사를 하는 것을 생명이라고 할 수도 있고 유전자 복제를 하는 시스템을 생명이라고 할 수도 있다. 좀 더 어려운 정의도 있다. 자연계에서 엔트로피[5]가

---

5 독일의 과학자 클라우지우스가 제안한 열역학 제2법칙으로, 엔트로피가 증가한다는 것은 에너지의 무질서가 확대되는 것을 말한다.

증가하게 되면서 에너지가 무질서하게 되는데 이런 무질서를 벗어나 질서를 유지하는 경향을 생명이라고 정의하는 슈뢰딩거[6]의 설이 있다. 또는 생명이란 요소가 모여 생긴 구성물이 아니고 요소의 흐름이 유발하는 효과라고 정의하는 루돌프 쇤하이머[7]의 주장도 있다.

쇤하이머의 주장에 따르면 존재하는 것은 흐름 자체이다. 이러한 요소의 흐름을 유발하는 것을 동적평형[8]이라고 한다. 동적평형 이론에 따르면 생명이 에너지의 무질서를 야기하는 엔트로피 증대에서 벗어나 질서를 유지하는 것은 지속적으로 엔트로피를 시스템 밖으로 버리기 때문이라고 설명하고 있다.

그러나 모든 정의에도 불구하고 생물과 무생물을 명확히 구별하는 기준을 현재의 인류는 가지고 있지 않다. 다만 과학자들은 생명의 모든 현상을 물리학과 화학으로 설명 가능하다고 생각한다. 생명현상을 물리와 화학으로 설명할 수 있다는 것은 결국 생명이란 하나의 기계로 치환할 수 있다는 의미다.

슈뢰딩거나 쇤하이머 등을 포함하여 현재까지의 전통적인 생

---

6 오스트리아의 이론 물리학자.
7 독일 태생의 미국 생화학자.
8 화학반응에서 반응물이 생성물로 전환되는 속도와 생성물이 반응물로 전환되는 속도가 평형을 이루어 겉으로 보기에는 정지해 있는 것처럼 보이는 상태.

내가
없다

물학 기준에서 본다면 우리 몸을 구성하고 있는 세포는 각각이 하나의 독립적인 생명이다. 인간 세포는 세포 단위에서 물질대사를 하고 세포분열을 통해 증식을 한다. 세포는 그 자체로 분명한 생물이다. 그 세포가 모여서 이루어진 인간도 생물이다. 엄격히 말한다면 인간은 '복합생명체'라고 표현할 수 있다. 아무 의식 없이 쓰는 '다세포 생물'이라는 용어와 구분하여 이 책에서는 '복합생명체'라는 말을 사용할 것이다. 단일한 생명체처럼 보이지만 인간은 수십조 개의 생명체가 질서 있게 움직이는 생명의 모임체이며 복합생명체이다.

그러나 앞서 말했듯이 생명이란 물리와 화학으로 설명되는 하나의 기계로 치환되는 것이다. 따라서 생명인 하나의 세포는 하나의 기계라 할 수 있다. 그리고 세포가 수십조 개가 모여 이루어진 인간도 역시 기계라 할 수 있다. 결국 세포단위에서 기계적으로 움직이는 세포 생명이 수십조 개가 모여 있다 하더라도 모든 세포가 기계인 한, 인간은 여전히 기계이며 물리학과 화학으로 설명될 수 있다. 지금 당장 현대과학이 생명현상에 관한 모든 것을 설명할 수 없을지라도 생명은 여전히 물리학과 화학의 범위 내에 있고 언젠가는 설명 가능할 것이다. 생명에 대한 물리학과 화학적인 설명은 무생물에 대한 현상을 물리학과 화학으로 설명하는 방식과 다르지 않다. 보다 가혹하게 말하자면 사실상 생물과 무생물을 구별 지을 만큼 생명현상은 신비하지 않다.

무생물과 생물의 경계, 동물과 인간의 경계, 인간과 로봇의 경계는 명확하지 않고, 그 경계에 신비가 끼어들 여지는 없어 보인다. 무생물과 생물 사이에 끼어 있는 생기론,[9] 동물과 인간 사이에 끼어 있는 영혼론,[10] 인간과 로봇 사이에 끼어 있는 자아론[11] 등은 무지가 만들어 낸 미신일 따름이다.

생명이 무생물과 다르지 않다는 점에 대해 좀 더 들여다보자. 원자는 분자를 이루지만 생명이 아니다. 분자는 세포를 이루지만 생명이 아니다. 분자에서 세포를 이루는 과정에서 물리와 화학 현상 외에 아무것도 추가된 것이 없다. 무생물이 아무리 많이 모여 있어도 그것이 생명일 수는 없다. 그러므로 무생물인 원자와 분자로 이루어진 세포는 생명일 수 없다. 세포의 구성에는 생명이 아닌 분자와 원자 외에 아무것도 없다. 또한 세포가 생명이 아니라면 생명이 아닌 세포로 이루어진 인간도 생명일 수 없다.

9　생명현상이 자연법칙과는 근본적으로 다른 원리에 의해 지배된다는 주장.
10　물질이 아닌 영혼이 생명현상의 주인이라는 주장.
11　인간의식의 주체로서 물질과 다른 정신의 작용이 있다는 주장.

내가
없다

왜 생명은
신비한 것이어야
하는가?

물론 우리는 세포는 생명이고 인간도 생명이라고 말한다. 우리가 생명에 대해 말할 수는 있지만 생명과 무생물의 본질적 차이가 없다는 사실은 변하지 않는다. 생명이 아닌 원자와 분자가 생명을 이루었다고 한다면 생명이란 무생물과 차이가 있어 보이기는 하지만 본질적으로 무생물과 동일한 방식으로 설명될 수 있는 무생물의 한 형태일 뿐이다. 생물과 무생물의 본원적인 차이는 없다. 생물은 무생물로 이루어져 있으며 무생물인 원자와 분자 이외에 우리 몸을 구성하는 것은 아무것도 없다.

우리가 '영(0)'이라는 숫자를 천억 번 곱하고 더해도 역시 '영(0)'이듯이 생명이 전혀 없는 원자와 분자 수천억 개를 아무리 아름답고 효율적으로 모았다고 해도 원자와 분자의 조합인 세포가 생물이 되지는 않는다. 그리고 그 세포의 조합인 인간도 생물이 되지 않는다. 우리가 보고 느끼는 것과는 달리 무생물과 생명 사이에는 그 어떤 경계도 없다. 생물과 무생물을 구별하려는 시도가 실패하게 되는 것은 생물과 무생물의 근본적인 차이점이 없기 때문이다.

그럼에도 굳이 세포를, 또는 인간을 무생물과 구분하여 생명으로 구분하려는 유혹은 피하기 힘들다. 생명이 아닌 것과 생명 사이에는 하늘과 땅 사이만큼의 커다란 차이가 있는 듯이 보이는 것도 사실이기 때문이다. 우리가 눈으로 보기에는 참인 듯이 보이지만 실제로는 참이 아닌 것이 많다. 인간 인식의 정확성에 대한 것은 뒷장에서 자세히 다룰 것이다. 생명과 생명 아닌 것을 나누는 것이 필요한 경우가 있다는 것과 생명과 생명 아닌 것이 본질적으로 아무 차이가 없다는 것은 서로 충돌되지 않는다.

  인간의 생명이 무생물과 근본적인 차이점이 없다 하더라도 우리가 살아가는 데에 아무런 문제가 없다. 오히려 진실을 받아들이면 인간의 영역을 더 넓힐 수 있는 것도 사실이다. 생물과 무생물의 본질적 차이가 없다는 사실이 인간의 자존감을 해칠 필요도 없다. 이런 사실을 인지하고 있는 것도 역시 인간이기 때문이다. 도저히 받아들이기 어려운 것을 진실이라는 이유로 받아들인다면 용기라 할 수 있다.
  생물과 무생물의 근원적 차이가 없다는 사실을 발판으로 삼아 한발 더 나아가 보자.

자아라는
허구

생명이 무생물과 다르지 않은 기계라면 인간 역시 기계라 할 수 있다. 그러나 생명을 가진 '나'라는 존재를 부정한다는 것은 심한 철학적 오류인 것 같다. 단지 책상 속에서나 생각할 만한 쓸데 없는 사색의 결과라고 생각할 수도 있다. 그러나 정말 생명을 가진 자아가 허상일 수도 있을까?

'생명을 가진 나란 무엇인가'라는 질문을 던져 보자. 생명이 기계라 할지라도 나란 존재는 너무도 분명한 실체일 것이다. 나의 존재를 의심하고 명확히 하기 위해 '나는 생각한다. 그러므로 존재한다'고 데카르트[12]처럼 말한다면 아주 엄밀한 분석 같지만 이것을 지적인 낭비라고 생각할 수도 있다. 그래서 많은 사람들은 이토록

---

12 프랑스의 철학자이자 수학자.

내가
없다

분명한 나를 '나는 나다'라고 표현하기도 한다. 제일 확실하고 군더더기 없는 말일 것이다.

그런데 우리가 지나치고 있지만 이미 오래된 과학적 성과는 인간에 대한 다른 가능성을 보여 주고 있다. 1674년 네덜란드 과학자 후크[13]는 현미경으로 호수의 물을 관찰하고 살아있는 미생물을 발견하였다. 3년 후 그는 인간의 정자를 관찰하였다. 그의 관찰과 발견은 19세기가 되어 세포이론으로 받아들여지게 되었다. 세포라는 것은 하나의 생명이다. 세포와 같은 극히 작은 생물이라는 의미의 미생물이 발견되기 전에는 생명의 가장 작은 단위가 적어도 눈에 보이는 크기 이상의 것이어야 했다. 따라서 생명은 그 자체로 하나의 단위라고 믿었다. 개미 같이 작은 동물도 하나의 생명이고 인간 같이 큰 동물도 하나의 생명체라고 여겼다. 그런 생명체들이 실은 세포와 같은 생명체들의 집합체라는 것은 상상하지 못했던 것이다. 후크의 발견과 세포이론은 명백하게 보였던 단일한 생명의 단위에 큰 혼란을 주게 되었다.

아메바가 하나의 생명이듯 인간 세포는 당당한 하나의 생명이다. 하나의 생명인 세포가 분열하여 수십조 개의 세포덩어리가 된

---

13 현미경을 이용하여 세포를 처음 발견한 영국의 과학자.

것이 인간이다. 즉, 인간이란 하나의 생명이 아니고 수십조 개의 개별 생물들의 집합인 셈이다. 게다가 인간 세포수만큼의 박테리아가 인간의 몸 속에서 같이 살고 있다. 각각의 세포들이 모여 다양한 조직들을 만들고 그 조직들이 인체 기관들을 만들고 그 기관들이 인간이 숨 쉬고 소화하고 순환하는 계를 이루어 인간으로서의 대사과정을 하게 된다. 인간은 수십조 개의 생명들인 개별 세포로 구성되었지만 하나의 개체로 인식되는 것은 수십조 개의 세포들이 각각 세포 생명으로서의 대사를 하면서도 또한 수십조 개가 마치 하나의 생명인 듯 전체로서 하나의 일관된 체계를 위한 대사활동을 하기 때문이다. 이것은 다세포 생물인 다른 동식물들도 마찬가지이다. 인간이 하나의 생명체라는 것은 잘못된 인식이다. 수많은 생명체가 하나의 체계를 위한 일관된 대사활동을 한다 하더라도, 그것을 하나의 생명체라고 할 수는 없다. 인간은 복합생명체이다. 이것은 수백만 마리의 흰개미가 여왕개미를 중심으로 각자가 분업을 하면서 전체로서 하나의 생명을 유지하는 현상과 유사한 방식이다. 개미 한 마리가 한 단위의 생명으로서 충분히 동작하면서도 전체 개미군이 모여야 각각 먹이를 찾는 일과 번식의 업무를 나눠 수행할 수 있고, 이로써 하나의 생존 시스템을 만들 수 있다. 하나의 생존 시스템을 가진 개미군을 보고 수백만 마리의 '개미 떼'라고 하듯이 하나의 생존 시스템을 가진 인간을 수

내가
없다

사람마다 특성이 다른
'고유한 영혼'이란
존재하는가?

십조 개의 '세포덩이' 또는 '세포 떼'라고 할 수도 있다.

인간의 세포는 한 단위의 충분한 생명이며 수십조 개의 세포군이 각 부위별 세포로 분화하여 전체로서 하나의 생존 시스템을 만든다. 수많은 세포가 하나의 시스템에 관여하고 있지만 이를 하나의 생명이라고 말해서는 안 된다.

인간이 하나의 생명체가 아니라는 사실은 간단하지만 중요한 인식이다. 문명세계에서도 숱한 미신을 만들어 내는 '영혼'이라는 개념이 있기 때문이다. 영혼을 믿는 사람들은 인간을 하나의 생명으로 보고 생명 하나에 하나의 영혼이 있다고 믿는다. 따라서 인간이 단일한 생명체가 아니라는 사실은 한 인간에게 거처할 영혼이란 것이 없거나 또는 한 인간에게 너무나 많은 영혼이 있다는 말이 될 것이다.

영혼이라는 개념은 세포와 같은 미생물이 발견되기 전에 만들어진 개념이다. 세포이론이 발견되기 전, 인간이 단지 하나의 생명체가 아니라 수많은 작은 생명들이 모여 있는 집합체라는 것을 알지 못했던 인간의 선조들이 하나의 생명을 움직이는 주체로서의 영혼을 상정한 것은 당연히 이해할 만한 일이다. 그러나 인간이 하나의 생명이 아니라 무수한 생명들의 잘 조직된 덩어리라는 것이 밝혀진 이후에도 영혼이라는 개념을 계속 사용한다면 이는 당연하거나 합리적이라고 생각할 수 없다. 우리에게 영혼이 얼마나

내가
없다

허황된 것인지, 그런 허황된 믿음이 얼마나 많은 또 다른 잘못된 믿음들을 만들어 내는지. 문명은 우리에게 올바른 시선을 요구하고 있다.

수십조 개의 각기 다른 생명들이 뇌라는 지휘부를 통해 한 몸이라는 인식을 갖는 것이 '나'라고 할 수 있다.

사실 하나의 생명체에 '나'라는 인식은 필요하지 않다. '나'로 인식 하는 것이 없어도 생명은 그 자체로 개별적 생명체이다. 우리의 세포는 '나'라는 인식 없이도 하나의 생명으로서 활동하고 있다. 수십조 개의 다른 생명들이 뇌를 통해 자기의식, 즉 '나'라는 인식을 만들게 된 것은 진화과정에서 생존에 유리하기 때문이다.

수십조 개의 개별생명들이 생존을 위해 진화과정에서 하나로 뭉쳐 단일 의식을 갖게 된 것이 바로 '나'이다. '나'라는 자의식은 진화과정에서 굉장히 유익하게 작용하였을 것이다. '나'라는 자의식은 진화단계에서 생긴 하나의 기능이며 단일한 실체가 아니다.

인간은 하나의 생명으로서 별도의 진화과정을 거쳐 왔으며, 세포도 하나의 시스템 속에서 공동으로 또는 개별적으로 진화한다. 세포와 복합생명체인 사람 모두 별도의 진화 주체이다. 세포 생명 공동체로서의 자기의식은 약 1천억 개의 신경세포들인 뉴런이 연결되어 만들어진다. 뇌에 있는 1천억 개의 뉴런이라는 세포로서의 생명들이 수십조 개의 인체 세포 생명들을 단일 단위로 인식하고 운영하고 있는 것이다. 1천억 개의 신경세포생명 집단으로 하나라는 인식을 이루고 있는 것이 '나'이고 '자의식'이다. 그렇다면 하나의 생명으로서의 '나'라는 것은 허상이다.

우리의 세포는 세포의 종류에 따라서 며칠 또는 몇 년 단위로 교체된다. 또한 하나의 세포도 원자나 분자 단위에서는 일주일도 넘기지 않고 교체되는 경우가 많다. 이는 우리 몸에서 매일매일 수많은 생명이 죽어 나가고 새로운 생명이 만들어진다는 것을 의미하며 살아있는 세포도 그걸 구성하는 물질들이 끊임없이 바뀌고 있다는 것을 의미한다. 물질 측면에서 인간의 영속성이나 정체성 또는 자기 동일성은 발견하기 어렵다.

인간의 세포가 대사과정에서 화학 신호를 사용한다는 것은 잘 알려져 있다. 뇌의 뉴런 역시 화학신호를 사용한다. 이것은 인간의 자의식이 화학적 약물 사용에 따라 변화를 일으킬 수 있다는 것을 말하며 우리가 정신이라고 부르는 것이 세포의 화학 반응에 의해 유지되며 변화된다는 것을 의미한다. 뇌의 화학적 신호인 '신경전달 물질'은 지금까지 100가지 이상 발견되었다. 인간이 다양한 세포 생명들로 구성되어 있고 자의식은 여러 가지 신경전달 물질

내가
없다

들로 감정적으로 조정되고 있다. 인간의 희로애락이 화학적 신호에 의해 조정되고 있다는 것은 인간의 정신작용이나 자아의식에 대한 영혼의 간섭을 배제하고 우리의 자의식을 냉정하게 바라볼 수 있도록 해 준다.

뇌의 신경세포 간 연결 또는 뇌의 블록별 기능이 자의식에 중요한 영향을 미치는 예는 많이 알려져 있다. 신경세포끼리의 연결이 엉성해 정보가 제대로 전달되지 않아서 환청 망상을 겪는 병으로 '조현병'이 있다. 이는 우리나라 인구의 약 1%가 겪고 있는 병이기도 하다.

뇌 속에 있는 해마는 학습이나 기억의 기초 과정에 개입하는 역할을 한다. 이 부분이 손상되면 자신의 정체감을 유지하는 기억의 영속성을 유지할 수 없으며 그런 현상을 '치매'라고도 한다.

뇌는 대뇌, 소뇌, 뇌간 등으로 이루어져 있다. 대뇌 중에서도 전두엽은 다양한 경우의 수를 생각하고 기획하는 기능을 가지고 있다. 전두엽에 손상이 생기면 사고가 경직되고 고집이 세어지는 경향이 있다. 소뇌에 문제가 생기면 간단한 운동조차 하기 어렵다. 간뇌 부분에 문제가 생기면 호흡, 맥박, 혈류에 문제가 생겨 삶을 유지할 수 없다.

우리의 의식이나 활동은 영혼이 아니라 뇌에 있는 신경세포인 세포생명들의 연결에 의지하고 있다는 것을 알 수 있다.

뇌의 어떤 부분은 자의식에 관여하고 어떤 부분은 자의식에 관여하지 않는다. 인간의 자의식은 뇌가 가진 여러 기능들 중에서 몇 개의 블록들이 모여 만들어 낸 복합적인 기능이다.

인간 자의식이 하나의 실체가 아니라 수천억 개의 신경세포가 만들어 내는 여러 기능 중의 하나라 하더라도 인간의 존엄성은 손상되지 않는다. 자연이 진화시킨 인간의 자의식 기능이 자연을 인식하고 자연을 변화시키는 단계에 있다.

진실을 알고 마주 대하는 것은 도전이고 용기가 필요하다. 영혼이라는 상상의 체계를 만들고 그 상상 체계에서 인간의 존엄성을 뽑아내는 것은 멋진 일처럼 보이지만 진실일 수 없다. 진실일 수 없는 것에 지속적으로 의미를 부여하는 것은 무지한 것이다.

이제 생명이란 무생물과 다름이 없고 나라고 하는 자의식도 실체가 없는 하나의 기능이라는 지점까지 와 있다. 우리 상식으로 믿기 어려운 것이라도 진실이기 때문에 믿는다면 우리 자아의 확장성을 더 넓힐 수 있을 것이다.

내가
없다

민족이라는
허구

오천 년 역사와 단일민족 국가라는 자부심을 되새기다 보면
갈라진 국토를 통일하고 민족을 부흥시켜야겠다는 애국심이
솟아오른다. 일제의 침략을 경험했기에 이 한몸 바쳐서라도 민
족을 지켜 내야겠다는 결심 또한 뜨겁다. 이런 애국심의 근원
이 무엇인지 질문해 본다.

철학은 근거 없는 허구의 토대에서 작동하는 개념을 극도로 싫
어한다. '민족'이라는 개념 또한 그렇다. 민족은 언어, 문화, 신화,
종교, 인종 등을 공동 배경으로 하는 삶의 공동체라고 하지만 다
른 언어, 다른 종교, 다른 신화를 가지고도 같은 민족을 이룰 수도
있고 심지어 다른 인종도 같은 민족이 될 수도 있다. 오늘날 유대
인들은 아랍계, 슬라브계, 라틴계, 게르만계, 아프리카계, 인도계
등 완전히 다른 인종과 언어 문화를 가진 다양한 사람들로 구성된
다. 이들은 아브라함이나 모세와 같은 유대인 조상들과는 아무런

핏줄의 인연도 없다. 오늘날은 유대인들마저도 유대인이란 무엇인가 묻고 있다.

'민족'에 대한 남다른 통찰을 제공했던 베네딕트 앤더슨[14]은 '민족'을 '상상의 공동체'라고 말한다. 민족이란 하나의 유형으로 딱히 분류하기 어렵고 애매한 개념이다. '민족'이라는 의식을 가지고 '민족주의'를 주장하게 된 것도 18세기 말이 되어서야 시작된 일이다. 그럼에도 오늘날은 대부분의 국가가 '민족국가'를 내세우고 있다. 애국심을 고취하는 것에 있어 '민족'만큼 감성을 일으키는 것도 없다.

유달리 뜨거운 민족적 감성을 가진 우리나라에 있어 민족이란 무엇인가? 우리민족이 '단일민족'이라는 말을 하지만 따지고 보면 매우 복잡하고 다양하다. 우리의 언어는 계통적으로는 몽골, 만주, 거란, 일본 등과 유사하다. 그러나 최근에 나온 '악마문 동굴' 5인의 게놈 분석 결과는 한반도 원주민들이 유전적으로 대부분 남중국 계열에서 기원되었다고 보고한다. 우리는 고조선을 우리민족의 역사근간으로 삼았지만 고조선은 그 시작이나 활동지역의 경계조차 명확하지 않다. 고조선 사람들의 민족구성이 어떠한지,

---

14 미국의 정치학자.

내가
없다

그들이 현재 우리의 조상인지는 알 수 없다.

우리의 역사에서 처음으로 우리 스스로를 서술하고 있는 현존하는 역사책은 『삼국사기』이다. 고려시대의 김부식은 『삼국사기』를 통해 고구려, 신라, 백제를 중심으로 역사를 서술하고 있다. 김부식은 고구려를 우리 역사의 하나로 삼으면서도 그 지역에 거주하던 말갈인(훗날 여진, 만주)을 우리 역사에서 제거했다. 삼국시대 당시 고구려, 백제, 신라의 종족적 유대감은 삼국과 왜의 유대감보다 더 큰 것도 아니었다. 그럼에도 김부식은 일본을 우리 역사에서 제외시켰다. 고조선, 부여, 고구려가 위치했던 만주지역을 우리 역사의 근간으로 하면서도 그 지역의 다양한 종족 구성원들을 우리 역사에서 밀어낸 것은 당시 고려라는 좁은 땅에 살던 사람들의 세계관이 반영된 것이다. 고조선과 고구려를 우리 역사에 끌어들이긴 했지만 고려의 땅에는 신라 중심으로 통합된 남방계 사람들이 주력이었다. 김부식의 조상과 김부식 자신도 경주 출신의 사람이었다. 남방 출신의 그들은 북방쪽의 사람들을 같은 민족으로 인식하지 않았다. 우리의 역사 지형을 넓히고자 했다면 보다 넓은 지역에 있던 다양한 민족 구성원들을 받아들여야 했을 것이다. 땅은 받아들이고 그 민족들을 받아들이지 못한 삼국사기적 역사 인식 때문에 우리는 한반도를 벗어난 큰 역사를 가지지 못했다. 좁은 땅에 살던 몇몇 역사가들이 우리의 역사경계를 좁은 범위에서 결정한 것은 그 시대의 한계를 고려한다면 이해될 수 있는 일이다.

통일신라 이전 신라, 고구려, 백제, 가야 등은 다양한 민족과 언어로 분화되어 있던 상태였으며 잦은 전쟁으로 피가 많이 섞이게 되었을 것이다. 고려와 조선을 거치면서 잦은 침략을 당했으므로 중국, 몽고, 거란, 여진, 일본과도 피가 많이 섞였을 것이다. 우리 역사가들이 말하는 우리가 단일민족 국가라는 주장은 사실이 아니다. 한국사라고 할 때도 어디까지가 한국사인지 매우 애매할 수 있다. 우리와 피가 섞이고 언어적으로 유사한 몽골, 거란, 여진을 포함하는 역사라야 우리 것이라 할 수 있다. 교류가 상대적으로 많았던 백제, 신라, 고구려, 왜 4국을 하나의 '우리'로 뭉쳐 볼 수도 있다. 많은 시각들이 있으나 저마다 장점이 있고 문제가 있다.

우리는 역사를 공부하면서 민족의식을 공유하고 애국심을 키운다. 역사적인 우리와 너희들을 구분하기도 하고 적대국과 우방국에 대한 인식을 갖게 된다.

오늘날 일본인들은 감정적으로 적대국처럼 인식된다. 일본인이란 누구인가? 아이누인이나 니브히 민족들과 같은 북방계인인가? 한반도를 통해 들어간 이주민들인가? 동남아시아를 통해 들어간 남방계인들인가? 일본의 역사학계에서도 일본의 주류인 야마토 민족의 기원에 대한 다양한 학설이 존재한다. 한국학계에서도 일

내가
없다

본인들의 기원에 대해서는 다양한 학설이 있다. 분명한 것은 일본인들도 하나의 뿌리에서 온 단일한 민족이 아니라는 것이다. 사는 환경이 달라서 지역별로 문화가 다르게 만들어졌을 수는 있지만 일본인과 한국인의 뿌리는 둘 다 정확하지 않고 다른 민족과 섞였으며 일본인과 한국인들끼리도 많이 섞여 있다. 일본에게 있어 한반도는 조상의 땅일 수도 있고 한국인에게 있어 일본인은 피를 나눈 형제일 수도 있다. 양국 간 문화의 차이가 있다고는 하더라도 중국 내 다양한 민족들의 문화적 차이에 비하면 그 정도가 크지 않다고 할 수도 있다.

만일 중국인이란 누구인가를 묻는다면 이것은 더 복잡할 것이다. 심지어 오늘날 중국 인구 구성비의 91% 이상을 차지하는 한족이란 누구인가를 물어도 누가 한족인지, 얼마나 많은 민족들이 모여 오늘날 한족을 구성하고 있는지조차 정확하게 얘기할 수 없다는 것은 분명하다. 실제로 중국 역사 대부분의 왕조가 한족 왕조가 아니었다. 한족이 중국 땅의 주인공으로 집권했던 시기는 한나라, 송나라, 명나라뿐으로 그 시기마저도 순수한 한족이란 존재하지 못했다고 할 수 있다. 그럼에도 오늘날 중국은 대부분의 사람들이 한족을 자처하고 있으며 중국은 한족의 국가라도 되는 듯 보인다.

우리를 어떻게 보느냐에 따라 우리 역사의 범위도 달라진다. 만주족의 청나라, 몽골, 거란을 우리의 역사에 넣는다면 우리는 중국역사상 가장 넓은 지역을 통치한 청을 우리 역사에 포함시킬 수 있다. 세계를 정복한 몽골의 역사는 바로 우리 선조들의 역사가 된다. 삼국시대와 더불어 왜를 우리의 영역에 넣는다면 일본은 우리 형제의 나라이고 통합해야 할 대상이라고 생각할 수도 있다. 관점을 다르게 한다면 삼전도에서 치욕을 당한 병자호란은 우리의 내전이라고 생각할 수도 있다. 임진왜란도 내전이라고 생각할 수도 있다. 우리를 누구로 보느냐에 따라 가장 강력한 적대국이 우리 자신일 수도 있다.

민족을 구분해서 서로를 적으로 만드는 것이 얼마나 근거 없고 그 결과는 얼마나 참혹한 것인지 역사는 말하고 있다. 상상으로 이루어진 우리와 타자를 구분하는 것이 끔찍한 학살도 가능하게 한다. 그래서 철학은 물어야 한다. 역사란 무엇인가? 민족이란 무엇인가? 우리라는 것은 무엇인가? 그리고 우리를 좀 더 넓게 생각하는 노력이 필요하다 할 것이다. 넓어진 우리는 의미 없는 전쟁과 불신과 반목을 줄일 수 있다. 원래 우리는 하나가 아니었고, 끊임없이 새로운 타자가 자리를 채워 새로운 우리가 되고 있다. 이런 사실을 직시한다면 이웃의 적성국을 다른 시각으로 대할 수 있다.

내가
없다

아울러 이민자들은 남이 아니며 새로 들어오는 우리라고 생각하는 여유를 가질 수도 있다. 우리에게는 더 넓은 개념의 역사, 더 넓은 개념의 민족사를 써야 할 의무가 있다.

역사에 대한 개념을 넓힌다면 이미 성립된 자신의 정체성을 바꿔야 하는 어려움이 있다. '나'라는 의식이 타인과의 경계 속에서 만들어지는 것이라면 나와 타인의 경계가 허물어지는 것은 고통스럽고 거부하고 싶은 일일 수도 있다. 그러나 우리 자아의식의 확대는 타인에게도 그 경계를 허무는 일이 되므로 서로가 넓혀진 자아의식으로 좀 더 평화로운 세상을 만들 수 있다. 우리가 우리의식을 강하게 하는 한 타자도 우리를 타자화할 것이며 갈등은 증폭될 수 있다.

한국사는 다시 쓰여야 한다. 더 넓은 근원을 찾아, 더 포용적으로 우리를 넓혀야 한다. 우리는 한국사를 이렇게 작은 범위에 가둔 역사학자들에게 책임을 물어야 할 것이다. 우리의 정체성이 그런 책임감 없는 역사학자들의 영역 내에 머무는 것을 과감히 거부하고 더 넓고 개방적인 세계를 품어야 할 것이다.

신이라는
허구

신은 철학에서 부정되었다. 신은 과학에서도 부정되었다. 신을
믿는 자아는 그 실체도 없는 하나의 기능일 뿐이다. 문명의 세
계에서 신은 설 자리가 없어야 되지만 오히려 가장 번성하고
있다. 신은 누구인가?

철학에서 신은 오래 전에 죽었다. 특히 기독교 신은 저명한 철
학자들로부터 불신을 받고 죽임을 당했다. 스피노자[15]가 죽이고,
니체[16]가 죽이고 마르크스가 죽이고, 비트겐슈타인[17]이 죽였다. 인
격을 가진 기독교 신은 성마른 변덕쟁이었으며 철학적으로는 물론
이고 역사적으로나 과학적으로도 논증할 만한 합리적 증거들을

---

15 네덜란드의 철학자.
16 독일의 철학자.
17 독일의 철학자.

전혀 갖추지 못했다.

그렇지만 인격신은 유럽 역사 속에서 대다수 사람들의 마음속에 자리 잡아서 기도의 대상이 되고 사회에 도덕적 가치를 부여하거나 죄를 징벌하는 정의의 심판자로서 오랫동안 자리 잡아 왔다. 신은 인간에게 영혼을 부여하였고 인간을 동물로부터 구별할 수 있게 해 주었다. 또한 신은 인간을 신과 직접 교류할 수 있는 높고 고귀한 존재로 자리 잡게 했으며 인간에게 죽음을 초월한 영원한 삶을 약속해 준 존재이기도 했다.

한편으로 신은 과학으로부터 많은 도전을 받았다. 그러한 과학적 도전은 너무나 심각한 것이어서 신의 존재를 깡그리 부정하는 증거처럼 보이기도 했다. 합리적 판단으로는 다시는 일어서기 어려울 만큼 신은 근거상의 위기에 처한 것처럼 보였다. 그러나 신은 지동설을 넘고, 진화론을 극복하고, 빅뱅이론을 받아들이며, 그에 어울리는 새로운 해석을 내놓으며 변신에 성공하고 강한 생명력을 과시했다. 인간이 유전자 조작이나 인공지능(AI)을 통해 새로운 인류대체물을 시도하는 현대에 이르러서 역사 이래 가장 많은 신자들을 가지고 번성하는 것이 종교이기도 하다.

리처드 도킨스[18]의 주장대로 신이 존재한다는 가설은 우주에 관한 과학적 가설 중의 하나로 다른 모든 과학적 가설들처럼 엄밀하고 회의적인 분석을 거쳐야 될 것이다. 그렇게 될 경우 신은 설 자리가 없고 전적으로 무가치하고 해로운 거짓으로 판명될 것이다. 오늘날 기독교가 신이 있다고 주장하는 근거는 초기 기독교의 교리와는 아무 상관이 없다. 기독교는 신이 있다는 것을 제외하고 모든 것을 바꿔도 여전히 신앙체계가 유지되는 탁월한 유연성을 확보하고 있다. 인간 지식이 불완전하다는 것이 신의 존재 근거가 되어서는 안 된다. 인간은 죽으며 죽음은 인간의 끝이다. 인간이 죽음으로 끝을 맺는다면 신과 거래할 아무런 이유가 없다.

인격적인 창조신에게 의심을 던지는 과학적이고 철학적인 새로운 관점 네 가지를 살펴보자. 첫째, 인간은 하나의 생명이 아니고 수십조 개의 세포로 이루어진 복합생명들이다. 그렇다면 단일한 생명체를 가정하고 부여한 영혼이란 존재는 잘못 설정된 것이다. 둘째, 인간 생명의 기본 조직인 세포는 생명이 없는 원자와 분자로 이루어졌고 인간의 생명이란 무생물인 기계와 다른 것이 없다. 생명이 무생물과 다르지 않다면 신비는 필요하지 않으며 신의 존재

---

18 영국의 생물학자.

인간의 끝이
죽음이라면
신과 거래할 이유가
있을까?

도 필요하지 않다. 셋째, 인간의 생명이 기계와 같이 화학과 물리학으로 설명될 수 있다면 생명과 생명 아닌 것의 근본적 구분은 가능하지 않다. 삶과 죽음이 다르지 않은 인간에게 약속할 영원한 삶은 아무 의미 없이 공허하다. 넷째, 인간의 영혼으로 믿었던 자의식은 하나의 실체가 아니라 각각이 생명인 수 천억 개의 신경세포로 연결되고 구성된 뇌세포의 진화한 기능 중의 하나이다. 신과 거래하는 실체로서의 주체는 없는 것이다.

'민족'은 상상이다. '나'라는 자의식도 상상이다. 그렇다면 상상이 경배하는 신의 존재도 상상과 허구 이상일 수 없을 것이다.

전통적인 신에 대한 논증은 성경에서 말하는 진술과 과학적 발견의 대비를 통하여 신의 진술이 틀렸다는 것을 증명하는 방법이다. 신이 틀렸고 과학과 이성이 맞는다는 논리로 종교의 문제점을 짚어 낸다. 이러한 귀납적 방법으로는 기존의 종교가 그래왔듯이 세상의 모든 문제점을 과학이 다 밝히기 전까지 종교는 자신의 교리를 유지할 이유를 가지려 할 것이다. 하나의 새로운 과학적 주장에 또다시 끝없는 주장을 펼칠 수 있다.

우리의 새로운 관점은 신을 믿는 자신의 존재가 허구임을 밝힌다. 실체 없는 허구가 믿는 신이라면 신 역시 실체 없는 허구일 뿐

내가
없다

이다. 자기의식의 본질이 진화과정에서 생긴 하나의 기능임을 밝히고 신 역시 그 기능이 만들어낸 관념이며 문화적 유산이라는 것을 밝히는 것이다. 나를 확실한 실체로 놓고 내 영혼의 근원으로서의 신을 상정하는 것은 잘못된 인식이다.

신에 대해 중요하면서도 잘못된 논증 사례가 있다. 과학적인 창조론이 그것이다. 성경의 창세기가 틀리고 빅뱅이 맞는다는 사실을 인정한다. 인간을 진흙으로 직접 빚었다는 성경의 말씀이 틀리고 인간이 단세포에서 유인원을 거쳐 인간으로 진화했다는 것은 사실이라고 인정한다. 그런 과학적 발견들을 인정한다 하더라도 빅뱅을 기획한 존재가 있고, 진화를 기획한 존재가 있을 것이 아닌가? 그 원인으로서의 존재가 바로 신이라는 것이다. 다시 말해 빅뱅도, 생명의 진화도 신의 존재를 위한 한 증명이 된다는 것이다. 이런 주장에서의 문제점은 그런 원인으로의 신이 갑자기 기독교 신이 된다는 것에 있다. 빅뱅을 만들고 진화를 기획한 신은 기독교 성경 말씀과는 다른 신이다. 만일 모든 것의 근원을 위해 신이 필요하다면 우리는 그 신의 성격에 대해 다시 규명해야 한다. 사실 그 원인으로서의 신은 아리스토텔레스[19]가 주장했던 궁극의

---

19 고대 그리스의 철학자.

원인, 즉 제1원인[20]을 말하는 것으로서 기독교적인 신과는 아무 관련도 없다. 그 신은 철학의 신이며 원인으로서의 신이며 스피노자의 신이기도 하다. 그 원인으로서의 신은 인격신을 전제하지 않는 것이다. 단지 신이 있다는 것이 기독교 신의 존재 증명이라고 주장하는 것은 사람이 있다는 것만으로 그 사람이 소크라테스라고 주장하는 것과 다를 바 없는 오류이다. 많은 사람을 미신으로 빠뜨리는 것은 신이라는 개념이 아니다. 그것은 인격신의 문제이다. 인간처럼 생각하고 인간의 생활에 개입하고 인간의 목적을 설정하고 죽음 전과 후를 관장하겠다는 욕심을 가진 인격신이 미신의 근원이다. 그런 미신에 기반을 둔 인격신이 인간을 관장하는 영혼이라는 또 다른 미신을 인간의 주체로 내세워 숱한 규범을 만들고 인간을 제약하고 문명을 멈춰 서게 한다.

사실관계가 맞지 않는다면 신은 폐기되거나 교체되어야 한다.

용서와 사랑을 말씀하는 신이 한 번의 인간 실수를 들어 인간을 낙원에서 내쫓고 그것이 불쌍해서 그의 아들을 보내 피를 흘리게 하였다면, 그리고도 최초 인간 둘의 그 실수를 상쇄할 수 없어서 죽음 이후에 모두를 심판하겠다고 한다면, 그의 아들을 어떻게

---

20 모든 운동의 궁극의 원인이며 스스로는 움직이지 않는 부동의 동자로서 '신'을 말한다.

내가
없다

구세주라 할 수 있을까? 예수도 아담과 이브의 죄를 해결하지 못해서 인간은 심판의 날을 기다려야 한다. 그렇지만 예수는 신이다. 과학적이지 않은 것은 물론이고 합리적이지조차 않다.

새로운 시대에는 우리가 이해할 수 있는 합리적 신이 탄생될 수 있을지 기대해 본다. 새로운 신은 인간 이성으로 이해될 수 있는 신이었으면 좋겠다. 신이 이성을 초월해 있어서 우리가 이해할 수 있는 선을 넘어 있다고 종교인들은 말한다. 본인들의 영역을 챙기려는 얄팍한 속임수라고 말하지 않을 수 없다.

그들의 그런 주장 때문에 우리는 어느 신이 옳은지 알 수 없고, 어느 설교자가 주장하는 신의 말씀이 옳은지 토론할 수도 없게 된다.

이 땅에 하루도 빠짐없이 신의 이름을 걸고 전쟁이 벌어지는 것은 바로 그 때문이다. 신은 인격적일 필요가 없다. 과학적 발견과 다른 모습을 띨 필요도 없다. 기능으로서의 자아의식과 이성으로 소통할 수 있는 신을 기다린다.

인식이라는
허구

인간의 인식은 불완전하다. 감각기관이 다양하지 못하며, 그 다양하지 못한 감각기관의 기능마저 매우 불완전하다. 또한 불완전한 감각기관을 이해하는 뇌의 기능도 불완전하며, 이를 사고하고 전달하는 인간 언어도 대단히 불완전하다. 그럼에도 인간은 생존해 왔다.

인간의 철학적, 과학적 지식은 기독교 성경 대부분의 진술을 넘어뜨리고 급기야 많은 기독교 성직자들은 성경이 있던 그대로 의 진술이 아닌 비유라고 말해야 하는 상황으로 몰린 지 오래되었다. 더 나아가 인간은 인간을 대신할 인공지능을 만들었고 그 인공지능은 인간과 동일한 학습 방법을 통해 지식을 축적하고 문제를 해결해 나가는 단계에 이르렀다. 그럼에도 불구하고 인간의 인식은 여전히 취약하다는 것은 우리들 개개인도 많이 경험 하고 아는 일이다. 있지도 않은 것을 보기도 하고 경험을 왜곡하

내가
없다

여 기억하기도 한다. 이것은 외부 정보를 수집하고 입력하는 인간의 감각기관이 매우 불완전하기 때문이다. 불완전한 감각을 통해 얻은 불완전한 정보를 불완전한 이성으로 판단하는 것이 인간이다. 그러기에 무수히 많은 철학적 인식론들이 나왔지만 결국 인간은 실체적 진실을 파악하기 어렵다는 사실만을 확인할 수 있을 뿐이었다.

인간 감각의 불완전성에 대해서는 시각의 왜곡이 특히 심하고 대표적이다. 우리는 나무나 돌, 금속을 볼 때 단단하고 꽉 차 있다는 생각을 한다. 그러나 그러한 물질들을 구성하는 원자를 들여다 본다면 전혀 다른 사실을 알게 된다. 원자 내부는 핵이고 외부는 핵을 돌고 있는 전자로 구성되어 있다. 원자를 학교 운동장이라고 한다면 원자핵과 전자는 파리 정도 크기이다. 결국 파리 두 마리가 텅 빈 학교 운동장에서 놀고 있는 모습이 원자의 내부인 것이다. 결국 원자 내부는 텅 비어 있다고 볼 수 있다. 게다가 파리 크기라던 원자핵은 양성자와 중성자로 이루어져 있고 양성자와 중성자는 내부에 세 개의 쿼크와 빈 공간으로 이루어져 있다. 양성자가 파리라고 한다면 쿼크는 박테리아 정도의 크기에 불과하거나 사실상 크기가 없는 물질이다. 사실 또다시 쿼크의 내부는 텅 비어 있고 '초끈이론[21]'에서 말하는 진동하는 끈만 있는지도 모른다. 아직 논란이 있는 초끈이론을 대입하지 않는다 해도 원자가 운동 장이라면 파리 몇 마리가 돌아다닐 만큼 비어 있고 파리도 사실 내부는 박테리아 몇 마리만 있다는 것이다. 이는 결국 운동장에는 박테리아 몇 마리 정도만 있을 정도라는 것이다. 그렇다면 원자는 텅 비어 있다고 할 수 있을 것이고 그런 원자가 아무리 빽빽하게 결합되어 있다 하더라도 나무나 돌, 금속 등은 사실상 텅 빈 공간 이라 할 수 있다. 그러나 우리가 금속을 볼 때의 그 치밀한 견고함 이란 절망적일 정도이다.

우리가 보고 있는 것이 있는 그대로의 것은 아니다. 우리의 눈 은 실체를 보기에 적합하지 않고 우리 몸의 생존에 필요한 정도의 역할만을 할 수 있게 진화되어 왔다.

눈의 시각 전달 기전이 전체적으로 왜곡되어 있으며 귀는 특정 주파수 대역만을 들을 수 있을 뿐이고 인간의 후각능력은 다른 동물들에 비해 턱없이 약하고 쉽게 마비된다. 인간 감각기관의 불 완전성은 인간에게 진실을 가렸고 오랫동안 숱한 신화와 오류를 만들었으며 과학적 진보를 방해해 온 원인 중 하나이다.

---

21 우주를 구성하는 최소단위를 연속해서 진동하는 끈으로 보고 우주의 원리를 밝히려는 이론.

내가
없다

문제는 감각기관 자체가 가진 기능의 불완전성만이 아니다. 인간은 감각기관으로 오감을 갖고 있다. 인간이 외부로부터 정보를 얻을 수 있는 입력기관은 오감이 전부다. 보는 것, 듣는 것, 냄새 맡는 것, 맛보는 것, 피부로 느끼는 것이 그것이다. 그러나 우리의 환경을 다양하게 인식하기 위해서 우리는 오감 외에 더 많은 새로운 감각기관이 필요할 것이다. 새로운 감각기관이 무엇인지는 알수 없고 상상하기도 어렵다. 눈이 없었다면 우리는 볼 수 없을 뿐 아니라 본다는 것 자체를 상상할 수 없었을 것이다. 귀가 없었다면 들을 수 없을 뿐 아니라 소리가 있다는 것 자체를 상상할 수 없었을 것이다. 현재 상태의 우리가 상상할 수 없는 다양한 형태의 자연 정보들과 그런 정보들을 입력할 수 있는 감각 방법들이 무수히 많이 있을 것이다. 그런 정보들과 감각 방법들은 인간이 진실한 정보에 보다 근접할 수 있도록 도움을 줄 수 있는 것들이다. 그러나 불행이든 다행이든 인간의 오감은 우리 몸의 생존에 필요한 정도로만 진화되고 갖춰져 있다. 외부의 정보를 다섯 가지의 방법을 통해서만 받아들일 수 있다는 점은 자연에 던져진 인간의 야망을 제한하는 한계이다.

벌과 같은 곤충들이 자외선이나 적외선을 본다는 것, 박쥐가 초음파를 감지해 시력을 대신한다는 사실을 알 수 있지만 매우 제한적이다. 외부세계를 경험하는 수많은 방법들은 인간에게 알려지

고작 다섯 개의
감각만으로
이 세계를 온전히
인식할 수 있는가?

기 어렵다. 인지할 수 있는 감각기관은 오로지 다섯 개밖에 없으며, 그 다섯 개의 기관마저 매우 불완전 상태에 있는 것이다. 거기에 더해 오로지 다섯 개밖에 안 되는 불완전한 감각기관을 받아들여 해석하는 인간의 뇌조차 상황을 왜곡하기도 하고 그 기능도 극히 제한적이다. 또 뇌가 분석을 위해 사용하는 인간의 언어도 불완전하기는 마찬가지다. 사랑이라는 말을 모두가 쓰지만 사랑이라는 말의 의미는 사용하는 사람마다 다를 수 있고 명확하게 정의하기 어렵다. 앞서 살펴보았지만 살아있다는 것의 의미조차 명확하게 무엇을 뜻하는지 애매하다.

이렇듯 부족한 수의 입력기관 문제, 보유한 입력기관의 불완전성 문제, 뇌의 분석 기능 한계의 문제, 언어의 불완전성 문제 등이 인간의 인식에 장애를 일으키는 요인들이다. 각각의 문제점들은 하나하나가 너무나 중요해서 인간 인식을 통째로 왜곡시킬 수 있는데 네 가지 모두가 문제가 되는 경우라면 인간의 인식 왜곡이 얼마나 치명적이고 한계가 있는 것인지 알 수 있을 것이다.

그럼에도 인간이 불가지론[22]에 빠지지 않고 한정된 범위 내에서 상상하기 어려운 방대한 지식을 축적하고 문명을 이루어 냈다는

---

22 인간의 이성으로 진리를 알 수 없다는 주장.

점은 놀라운 일이다. 그것이 가능한 이유는 우리의 감각기관, 뇌, 언어 등이 부족하지만 인간이 생존하고 발전할 수 있을 정도의 범위 내에서 진화의 과정을 거치며 안정되어 왔기 때문이다. 시속 100km로 자동차를 운전하는 사람에게 오감이 안전하지 않다면 그의 앞에는 죽음만이 있을 뿐이다. 우리가 최대 100년 정도의 삶을 위해 활동을 할 수 있는 선에서 우리의 오감은 나쁘지 않고 믿을 수 있다. 우리의 오감은 수십만 년의 진화적 과정을 통해 나름의 안정성을 확보하고 있기 때문이다.

그러나 오감은 생존을 위해 진화된 것이며 철학적 사고가 추구하는 진리를 알기에는 너무나 왜곡된 것이다. 그 왜곡의 정도는 꽉 차 있다고 믿었던 금속이 박테리아 몇 마리가 있는 텅 빈 운동장이었다는 것보다 더 심한 왜곡일 것이다. '나'라는 개별적 존재가 있다고 의심할 수 없이 믿었지만 그런 존재는 없고 기능만 있다는 사실이 충격적이지만 인간 인식능력의 왜곡성을 고려하면 그리 놀라운 일도 아니다.

인간 인식 능력의 한계를 뚜렷이 보여 주는 것은 수학이다. 수학은 인간의 관찰 및 인식과는 다른 세상이 있다는 것을 보여주는 창구 중 하나다. 인간의 막연한 생각이나 관찰과는 다른 수학적 방정식이 나오면 인간은 우리의 합리성이나 인식능력의 결함에

내가
없다

문제가 있다는 것을 유추해 알 수 있을 뿐이다. 따라서 인간은 수학적 방정식을 진실로 하고 우리의 관측이 잘못되었다는 전제하에 진리를 파악해 나가게 된다. 이를 통해 인간 인식 능력이 들여다 볼 수 없는 또 다른 세계에 대한 간접적인 창구가 열리게 되며, 인간은 이런 목적으로 수학을 활용한다. 이런 수학적 활용의 유용성 때문에 오늘날 수학적 지식이 없는 사람이 존재에 대한 깊이 있는 인식을 갖기란 참으로 어렵다.

물론 인간은 수학을 통한 간접적인 인식능력의 보완에 만족하지 않을 것이다.

언제라고 확정할 수는 없지만 인간 인식의 증강을 위해 오감 이외의 입력기관이 추가되어야 한다. 새로운 입력기관은 추가적인 정보를 뜻하는 것이 아니다. 이것은 기존의 정보와는 질적으로 다른, 생각하기 어려운 정보의 형태를 띠게 될 것이다. 새로운 입력기관이 추가된다면 기존에 우리가 쌓아온 지식은 휴지조각이 될 수 있다. 기존의 지식은 기존의 입력기관 기반 내에서만 의미를 가질 수 있다. 새로운 인식 능력을 갖는 입력기관은 새로운 정보를 수집할 것이다. 이런 새로운 정보를 처리하기 위해서는 기존의 두뇌나 컴퓨터와는 다른 방식의 정보처리 기반이 개발되어야 할 것이다.

그리고 새로운 입력기관은 하나에서 그치지 않고 더 많이 계속해서 발견될 수 있고 그에 따른 정보처리 기관도 계속해서 개발되어야 한다.

인간이 동물과의 비교에서 스스로의 우월성을 인식하고 있긴 하지만, 인간의 지식이라는 것은 딱 그 정도의 의미만 가지고 있는 듯하다. 우리의 지식과 문명의 발전은 우리의 인식기관의 한계와 일치한다. 더 넓고 다양한 인식의 세계에서는 우리가 가진 지식은 아무런 것도 의미하지 않을 수도 있다. 그것은 인간이 좀 더 겸허해져야 할 이유이기도 하다.

분명하다고 생각되었던 것이 사실은 우리 생각과 다른 형태와 방식으로 존재하는 경우는 너무도 많다. 그렇다면 분명하지도 않은 우리 사회의 수많은 편견과 상상을 사실이라고 고집하는 일은 철학하는 태도는 아닐 것이다. 신의 일이든, 민족의 일이든 또는 정의에 관한 일이든 모든 것이 너무나 확실하다고 말하는 사람들은 무지하거나 조심해야 할 사람들이다.

내가
없다

사랑이라는
허구

사랑의 개념은 다의적이다. 무심코 사랑을 얘기하면서 문명을 파괴하는 독소를 숨기고 있는 경우가 많다. 사랑은 내가 살고 함께 살고자 하는 것이다. 분열과 복수, 파멸을 말하는 것은 사랑일 수 없다.

우리는 "저 사람이 나를 정말로 사랑하는지 모르겠어"라는 말을 할 때가 있다. 또는 '지금 이런 내 마음이 사랑인 것일까?'라고 스스로 묻기도 한다. 무엇이 사랑인지 알기 어렵다. 애절하게 들끓다가도 갑자기 화가 나고 쉽게 식어 버리는 것이 우리가 흔히 하는 사랑이기도 하다. 사랑이란 아름다운 말이다. 너무도 아름다워서 기독교에서는 신을 사랑 그 자체라고도 한다. 신과 사랑은 다른 단어지만 기독교에서는 하나의 뜻으로 사용하기도 한다. 그러나 실제로 구약 성경 속의 신은 아무리 좋게 보아도 사랑을 느끼게

하기는 무서운 분이다. 인종차별적이고, 여성, 특히 처녀성을 잃은 여성에 대해서는 잔인하며, 복수심에 불타고, 계급과 노예제를 옹호하고, 대량학살을 자행하거나 지시한다.

신에게 사랑을 결합해 준 것은 신약이 만들어진 시대 또는 그 이후에 그리스 철학을 차용한 중세 신학자들이다. 그제야 신은 모든 인간을 하나하나 사랑하고 언제나 지켜보는 따스한 모습을 띠게 되었다. 그 효과는 뛰어났고 감동스러웠다. 인간을 사랑하는 신을 우리는 당당히 '아버지'라고 부를 수 있게 되었다.

중세 신학자들은 사랑에 관한 그런 중요한 업적에도 불구하고 심각한 오류까지 같이 가지고 갈 수밖에 없었다. 세속의 황제와 신학자들은 예수를 신으로 정하고 그것에 대한 정당성을 구약의 신으로부터 물려받으려 했다. 그럼으로써 신은 사랑과 분노, 용서와 복수, 넓음과 편협함을 모두 가진 괴물의 모습을 가지게 되었다. 신이 증오의 모습을 띠어도, 잔인한 복수의 모습을 가져도 어떤 경우든 인간이 알지 못하는 기독교적 큰 사랑의 한 형태라고 주장하는 이유는 바로 그런 역사가 있었기 때문이다.

사랑은 점점 더 애매해졌다. 무엇이 사랑인가? 너무 흔하고 때로는 혼돈스러워서 '진정한 사랑'이라는 말도 많이 한다. 사랑이면 사랑이지, 진정한 사랑은 더 혼란스럽다. "너를 너무 사랑해서 떠

내가
없다

난다"라고 말하거나, "인간을 사랑해서 신을 거스르는 죄도 범할 수 있는 자유를 주셨다"라는 믿음의 사랑을 얘기하기도 한다.

두 가지 경우가 다 사랑이다. 그리고 진정한 사랑이다. 전자의 경우는 상대의 행복을 위해 내가 나의 사랑을 유보하고 떠나는 사람의 사랑이고, 후자의 경우는 인간이 불행해지더라도 자신의 사랑을 실행하는 신의 사랑이다. 두 가지가 다 사랑이어서 설명하기 어렵고 이해하기조차 쉽지 않다. 상대의 행복을 위해 내 사랑조차 유보하는 것이 사랑인가? 또는 상대가 영원한 벌을 받을지라도 그에게 자유를 주고 타락할 여지까지 남기는 것이 사랑인가? 상대의 행복이나 불행과 상관없이 사랑하는 이의 선의가 중요한 것인가?

나를 버리고 물에 빠진 사람을 구하려다 죽는다면 사랑이라고 말한다. 그러나 그의 부모와 배우자와 자식들은 그가 행한 사랑의 실천으로 고통 받는다. 세상이 더 아름다워진다는 대의가 있겠지만 그가 가장 사랑하는 사람들의 삶을 송두리째 파괴할 수도 있는 희생도 사랑이라 불린다. 사랑의 실천을 위해 나를 죽이거나 누군가를 파탄에 이르게 한다면, 또는 신이 자신의 사랑을 실천하기 위해 인간을 영원한 고통에 빠지게 한다면, 아무래도 그런 것을 사랑이라는 이름으로 같이 엮어 부르기는 어려울 것 같다.

신체는 부모로부터 받은 것이니 다치지 않게 잘 보존하는 것이 효의 시작이다.

공자가 『효경』[23]에서 한 이 말은 일차적인 사랑을 가장 잘 표현한 듯하다. 공동체를 위한 희생도 중요한 사랑임에는 틀림없겠지만 지나치게 개인의 희생을 강조하는 문화는 주의를 기울여야 할 것이다. 자신을 사랑하고 잘 보존하는 것이 사랑의 시작이다.

진화적인 관점에서 보면 사랑은 자신의 몸을 돌보고 살기 위해 진화한 기능이다. 이성을 사랑하는 것은 자신의 유전자를 남기고 살리기 위해 진화한 기능이다. 자식을 사랑하고 이웃을 사랑하는 것도 유전자를 남기거나 자신의 생존에 더 유리하게 진화한 기능일 것이다. 그러므로 사랑은 생존을 위해 진화한 기능 그 이상이 아니다. 나 자신에 대한 사랑, 자식에 대한 사랑, 짝을 만나는 사랑 등이 생존을 위해 자연적으로 진화한 기능이다. 친구를 위한 사랑, 이웃과 공동체를 위한 사랑, 공동 신을 위한 사랑 등은 공동체가 생존하고 발전하기 위해 사회적으로 진화한 사랑이다. 사랑은 결국 살고자 하는 것이고 보존코자 하는 욕구가 실현되는 인간

---

23 공자와 그의 제자 증삼이 문답한 것 중에 효도에 관한 것을 추린 책.

의 가장 중요한 기능 중 하나이다. 인간뿐만 아니라 동물들도 자연적으로 진화한 사랑을 가지고 있으며 사회적으로 진화된 사랑을 가진 동물들도 있다. 결국 사랑은 내가 살고, 자식이 살고, 배우자가 살고, 친구들이 살고, 이웃과 공동체가 살기 위해 진화되고 문화화된 기능이다. 내가 살면서도 더 많은 이들이 살고, 더 많은 동물들이 살고, 지구가 사는 것이 원초적 사랑이며 발전된 사랑이다.

심판하고 죄를 묻고 영원한 고통을 얘기하는 것은 사랑일 수 없다. '더 높은 경지의 사랑', '진정한 사랑', '천상의 사랑' 등 좋은 말은 많아도 나를 살리고 사람을 살리고 더 나아가 행복하게 하는 것이 사랑일 뿐이다. 사랑을 이유로 누군가에게 폭력을 행사하거나 신을 사랑하기 위해 인간들끼리 학살을 저지르는 것을 사랑이라고 말할 수 없다. 진정한 사랑, 높은 경지의 사랑을 말하는 경우에는 조심스러워야 한다. 특정 계층의 이익과 목표 달성을 위해 희생을 강요하고 있는 것은 아닌지, 또는 특정 신분의 지위 유지를 위해 두려움을 증폭시키고 납득하기 어려운 것을 사랑으로 포장하고 있지 않은지 살펴야 한다. 운 좋게 사람이 살아도, 사고로 죽어도, 병을 극복해도, 병으로 고생하다 죽어도 모든 것이 높은 사랑의 뜻이라고 한다면 사랑을 왜곡하고 이용하는 것일 수 있다.

사랑의 범위를 넓히는 것은 자연스럽고 우리의 장기적 생존을 높이는 일이다. 나, 자녀, 배우자, 부모, 이웃, 공동체, 동물, 환경 등으로 사랑을 넓히는 일은 더 아름다운 세상을 만드는 일이다. 그러나 나보다 공동체를 더 우선하거나, 이웃보다 동물의 행복을 더 중시한다거나 하는 행위는 자연스럽지 않다. 스스로를 사랑하면서 가까운 사람들, 먼 사람들, 더 넓은 생태계 등으로 관심을 옮긴다면 아름다움과 행복도 커질 것이다. 다시 한 번 사랑이란 말을 오용하는 종교인들에게 경고를 보낸다. 사람을 사랑해서 죄 지을 기회와 자유를 주고 그 기회와 자유를 사용한 이들에게 영원한 고통을 가하겠다고 하는데도 여전히 신이 사랑 자체라고 말하는 것은 용서 받을 수 없는 거짓이다. 그런 모든 것들을 종교인들이 인간인 우리는 알 수 없는 더 깊은 의미에서의 신의 사랑이라고 말한다면 무지하거나 악의에 가득 찬 사기꾼이라 말할 수밖에 없다. 문명화된 세계에서 더 이상 이런 식의 잔인한 질서를 사랑이라고 말하는 것은 멈춰야 될 것이다. 사람을 살리고 행복하게 하는 것이 사랑이다. 사람이 죽고 영원한 불행을 말하는 존재는 사랑일 수 없다.

내가
없다

예술이라는
허구

예술은 즐기는 것이다. 예술행위와 작품에서 존재의 심연 같은
가능하지 않은 허구의 세상을 추구한다면 미신이 될 것이다.

아름다움을 추구하는 행위를 예술이라고 한다. 아름다운 것이
무엇인지에 대해서는 일치된 견해를 갖기 어렵다. 그러나 보고 듣
는 것에서 쾌락을 주는 것이라면 아름다움이라고 할 수 있다. 원
래 예술은 일반적으로 숙련된 기술을 의미했지만 18세기에 이르러
서는 아름다움에 관한 행위나 기술에 한정하여 의미를 갖게 되었
다. 따라서 18세기 이후의 예술이란 보고 듣는 것에서 쾌락을 주
는 행위나 기술이라고 말할 수 있다.

최근의 예술 활동들은 다원화, 세분화, 심화되었고 높은 수준의 예술품들은 큰 상업적 가치를 가지고 거래되는 경우도 많다. 사실 예술품의 경우 그 예술적 완성도를 상업적 가치인 가격으로 평가하는 것도 일반화 되어 있다. 많은 예술인들이 직업으로서의 예술을 위하여 상품성 있는 결과물들을 내놓으려 노력하고 있고 이는 예술가의 삶을 이어 가기 위해서도 필요하며 자연스러운 일이다.

그러나 예술작품을 거래하면서 그 예술품에 혼이 담겼다거나 절대자가 자기현시 되어 있다거나 하는 예술의 신성화는 자연스러운 일로 볼 수 없다. 예술행위와 그 작품을 통한 아름다움이란 것이 쾌락을 주는 것이라면 예술은 유쾌한 쾌락을 추구하면 될 일이다. 예술이 쾌락을 넘어 이데아나 신적 경지, 근원 등의 또 다른 세상과의 통로를 자처하는 것은 예술의 범위를 넘어선 것이라 할 수 있다.

예술품에 녹아 있는 아우라를 찾아내는 것은 전문가적 식견을 필요로 하는 경우가 많다. 그러나 실제로 예술품에 어떤 아우라를 가진 실체가 있기는 한 것인지 고개를 갸우뚱하게 되는 것도 사실이다.

예술품이 진품인지 위품인지를 가리는 일이 고도로 전문화되고 때로는 최고의 전문가들조차도 진품과 위품에 대한 의견이 엇

내가
없다

갈리는 경우도 많다.

진품과 위품은 구별하기조차 어려울 만큼 정교하게 동일하다. 그러나 진품은 높은 예술성과 높은 상업적 가치를 인정 받지만 위품은 예술성과 상업적 가치에서 쓰레기 취급을 받게 되기도 한다. 구별하기조차 어려운 작품이라면 동일한 쾌락을 주고 동일한 정도의 가치를 가져야 하지만 때로는 법정에서 진위가 가려져야 훌륭한 작품인지 아닌지를 알게 된다. 진품인지 알았던 작품이 법정에서 위품이 되는 순간 쓰레기가 되고 예술적 가치는 땅에 떨어진다. 누구나 경외심을 가지고 대하던 미술품들이 사실상 쓰레기가 될 수도 있는 것이다. 오늘날 예술이나 예술품에 대한 아우라나 가치를 정립하는 일은 이토록 놀랍고도 우스꽝스러운 코미디라 할 수 있다.

한 연예인이 그렸다는 미술품을 두고 조수를 써서 그렸느냐 직접 그렸느냐는 논란이 있었던 적이 있었다. 조수를 써서 그렸다면 몇 퍼센트를 조수가 그렸고 어느 정도를 본인이 작업했는지에 대한 논란도 있었다. 예술작품 그 자체를 평가하는 것이 아니고 누구의 아이디어인지 또는 누구의 작업을 통해 그려졌는지가 중요하다는 것은 예술이 무엇인지에 대한 근본적 질문을 하게 만든다.

또 다른 경우도 있었다. 어느 유명 예술인이 하나의 예술작품을 두고 자신이 그린 그림이 아니라고 주장하고 검찰에서는 그 유명 예술인이 그린 것이 틀림없다고 엇갈린 주장을 해서 커다란 논란이 일었다. 그 작품의 예술적 평가는 그 작품 자체보다는 그 유명한 사람이 그렸느냐에 하는 점에 있었던 듯하다. 유명한 사람이 그려야 그 아름다움으로 인한 쾌락이 더 크다는 말인가? 베토벤의 '운명 교향곡'이 사실은 다른 무명의 작곡가가 작곡을 했다고 밝혀지더라도 그 가치가 떨어지게 되는 것은 아닐 것이다. 김소월의 '진달래 꽃'이라는 작품을 소월이 쓴 것이 아니라 다른 문인이 썼다는 사실이 밝혀지더라도 그 가치가 떨어지는 것은 아닐 것이다. 예술작품은 그 작품이 우리에게 주는 아름다움과 즐거움이 중요하다. 그 즐거움은 그 작품 자체가 주는 즐거움이다. 누가 작곡하고 누가 그렸느냐 하는 것은 부차적인 문제다. 그러나 현실에서 예술작품에 스토리를 입히고 판매하는 방식은 면세점 명품관에서 명품을 판매하는 방식을 연상하게 만든다. 도대체 예술은 무엇일까?

한편 최근의 예술가들은 예술에 대한 기존 개념을 파괴하고 예술의 지평을 넓히는 작업을 활발히 하고 있다. 레프 톨스토이[24]는

---

24 러시아 문학을 대표하는 『전쟁과 평화』의 작가.

예술이란 '사람과 사람을 결합시키는 수단'이라고 정의했다. 이런 정의에 따르면 예술은 아름다움이나 쾌락과는 별 관련이 없다. 앤디 워홀[25]이나 마르셀 뒤샹[26] 같이 상자를 쌓아 놓거나 변기를 가져다 놓고 예술이라고 주장하는 경우도 있다. 사실상 오늘날 예술은 아름다움을 추구한다는 본질을 버린 듯하다. 기성품을 쌓아 놓고 예술이라 주장하기도 한다. 이로 인해 예술이 창조적인 행위라는 기존의 주장은 설 곳이 없어졌다.

예전의 예술과 현대의 예술을 이어 주는 '예술'이라는 단어는 공통적으로 쓰이지만 사실상 신구 예술 사이에서는 아무런 공통적인 연계를 찾을 수 없는 경우가 많다. 새로운 예술이 제자리를 찾기까지는 시간이 걸릴 것이고 사실 제자리를 찾을 수 있을 것이라 기대하기도 어렵다. 예술이 뭔지 예술가도 정의하지 못하는 상황이기 때문이다.

발터 벤야민[27]이 갈파한 대로 복제기술의 발달이 예술을 어디로 갈지 모르는 새로운 경계로 밀어 내고 있다. 예술은 과학 기술에 도전 받고 있으며 예술을 예술이게 하는 심오한 가치를 증명해 내지 못하고 있다. 종교에서 주장한 사실들이 과학의 발견과 발전

---

25 미국 팝아트의 선구자로 불린다.
26 프랑스의 전위적 미술가.
27 독일의 철학자이자 평론가.

으로 부정 당하고 종교가 심한 상처를 입었듯, 예술도 현대과학의 칼날을 피해가지 못했고 신음하고 있다.

신이 허상이었듯이 예술도 허상이다. 예술이 방황하는 이유는 예술이 단지 쾌락을 주는 기술 정도라는 것을 인정하지 못하기 때문이다. 예술에는 기술 그 이상의 가치, 뭔가 말할 수 없는 아우라 등은 실재하지 않는다. 예술이 새로운 세계로 통하는 관문이라는 예술가들의 자부심을 뒷받침해 줄 만한 아무것도 발견되지 않는다.

이상한 점은 예술가들과 관객들의 반응이다. 예술이 정체성을 찾지 못하는 과정에서도 예술가들은 인간의 역사 이래 가장 왕성한 활동을 하고 있고 역사 이래 가장 많은 예술행위와 예술작품을 생산해 내고 있다. 아울러 예술품 수집가들은 예술작품에 유래 없는 가치를 부여하고 역사 이래 가장 비싼 가격으로 예술작품을 거래하고 있다. 또한 대형 미술관들 앞에는 예술작품을 감상하기 위해 밀려드는 관객들의 행렬이 길게 늘어서 있다.

현대의 미술평론가들은 미술품에서 보이는 것 이외의 예술적 아우라를 찾는 일을 포기했지만 관객들은 예술작품 속에서 아직도 아우라를 찾아내 즐기고 있는 것이 사실이다. 심지어 예술의 관객들은 변기를 가져다 놓은 작품에서도, 코카콜라 병을 그린 작품에서도 아우라를 찾아내어 그 작가를 높은 경지의 예술인 반열

내가
없다

에 올려 주고 있다.

이런 현상은 신이 거짓으로 밝혀진 이후에도 가장 많은 신자들이 활동하고 가장 많은 성전이 건립되고 있는 오늘날의 현실과 정확히 일치하고 있다.

예술이 절대적인 이데아의 모방이라는 개념 하에 예술혼을 추구하는 사람들은 없는 신을 믿는 미신집단과도 같다. 과학의 시대, 이성의 시대, 신이 죽어가는 시대에서 예술이 신적 완벽성을 인정받으려 한다면 철학은 예술을 향해 거짓된 탈을 내려놓으라고 얘기할 수밖에 없을 것이다.

인간에게 쾌락과 위로를 주고 삶을 돌아보게 하는 기능을 하는 것으로 예술은 그 역할을 한정해야 할 것이다. 예술 또는 예술작품 그 안에는 인간의 영혼과 관련된 것이 아무것도 없다. 현실과 다른 심오한 무언가가 그 안에 내재되어 있지도 않다. 그저 쾌락을 주고 우리의 주의를 환기시키는 기능을 하는 것이 예술인 것이다. 멀리서 혹은 가까이서 경외의 눈으로 진품인 모나리자 작품을 감상하는 애호가들이 있다면 그들의 마음은 성모마리아상 앞에서 기도하는 신자들의 믿음과 다를 바가 없다. 즉, 예술품을 지그시 바라보는 그 마음은 종교적 믿음과 동일한 동기라 할 수 있다. 믿으면 그 예술품에서 뭔가를 찾게 되지만, 믿지 않으면 그저 '보기 좋구나' 정도 밖에 얻지 못하는 것이다.

철학은 아무 근거 없는 믿음을 좋아하지 않는다. 예술에 신비감을 불어넣어 줄 수 있는 것은 신과 인간의 영혼이다. 예술은 종교와 유사하다. 인간에게 위로를 준다는 점에서 유사하다. 아울러 내면이 공허하고 거짓이라는 점에서 유사하다. 예술은 종교적 권위를 가지려 하지 말고 예술 본래의 의미인 쾌락과 위로와 격려를 주는 기술로서 스스로 자리매김해야 보다 더 진실해질 수 있다.

내가
없다

문명이라는
허구

문명은 인간의 자랑이다. 문명은 인간의 희망이고 미래다. 그러나 그 속에는 함께해서는 안 될 야만적 미신들이 가득 차 있다. 인류가 사실상 문명을 지배하고 있는 미신들을 깨뜨리려면 진실을 받아들이는 용기가 필요하다.

오늘날 인류는 깨어 있다. 인류는 동물들과 달리 문명을 이루며 살고 그 문명이 인간의 이성을 더욱 빛나게 했다. 문명의 개념은 매우 다양하지만 인간이 지혜를 이용하여 정신적·물질적으로 진보를 이룬 상태를 말한다고 할 수 있다. 우리가 '문명'이란 단어를 사용할 때는 문명사회가 인간의 존엄을 중시한다는 뜻도 항상 내포되어 있다고 전제해야 한다. 그래서 야만적이고 인간의 존엄이 침해 당한 일이 발생되면 문명사회에서 일어나서는 안 되는 일이라고 성토하기도 하는 것이다.

따라서 문명사회에 살고 있는 사람들은 당연히 인간으로서의 삶을 존중 받으며 적어도 야만의 세계에서는 누리지 못할 행복도 같이 누릴 수 있을 것으로 여겨진다. 또한 상식적으로 문명은 진보하고 더 좋은 쪽으로 개선될 것이며 미래가 희망적일 것으로 생각된다.

그러나 실상은 그렇지 못하다. 문명의 어두운 면이 있다. 문명은 자체 문명권 내에서는 물론이러니와 타 문명권과 부딪치는 과정에서 엄청난 폭력을 행사하기도 했으며, 고도로 발전된 문명 자체가 쉽사리 인류의 운명을 끝낼 수도 있다는 것을 우리는 알고 있다. 인류의 운명을 끝낸다는 생각은 단지 핵무기 등의 전쟁 위험만을 의미하지 않는다. 인간은 상호 소통이 불가능한 닫힌계에서 살고 있기 때문에 생태계가 망가지거나 환경오염이 발생해도 상호 합의를 이루기가 어렵다. 또한 인류문명의 발전으로 인간을 재정의 하거나 인간을 필요로 하지 않을 때가 올 수도 있다. 굳이 기술의 발전이 아니라도 인간의 개념을 바꾸는 것만으로도 인간은 쉽게 무너지거나 해체될 수 있다. 이는 문명 이전의 사회에서는 생각하기 어려웠던 도전이고 이런 문제를 푸는 해법조차 문명 내에서 찾아야 한다는 역설이 있다.

문명이 자체적으로 큰 문제점이 있다고는 하지만 인류가 문명

내가
없다

이전으로 돌아갈 가능성은 없어 보인다. 문명 이전의 인류가 문명의 어두운 면을 가진 현재보다 더 행복하다고 말할 수는 없기 때문이다. 문명은 굶주림을 극복하고, 상하수도를 설치하여 위생을 개선하고, 어두움을 밝히고, 먼 거리를 쉽게 여행하고, 가진 지식을 쉽게 나누어 소통하게 했다. 또한 인생 자체를 즐길 수 있는 많은 오락거리를 제공했으며 아이들을 교육하고 양육하는 방식을 안전화·전문화할 수 있었다. 다시 돌아갈 수 없는 문명의 길에 들어섰다면 문명의 본질을 이해하고 문명 속에 내재된 문제점을 검토하여 올바른 방향을 찾아야 할 것이다.

문명은 분명 발전하고 있지만 근본적인 속성이 크게 바뀌지 못했다는 점을 주목할 필요가 있다.

결혼제도는 다양한 발전을 했지만 번식을 위한 성행위를 사회가 용인하는 절차라는 기본 개념은 바뀌지 않았다.

종교는 세상을 뒤덮을 만큼 확장되어 있지만 수천 년 전 미개 상태에서 쓰인 경전은 여전히 유효하고 확인되지 않은 절대자가 삶과 죽음을 관장하는 우리의 주인이라는 주장 역시 바뀌지 않았다. 윤리는 변하여 왔지만 아직도 체제를 보호한다는 기본 틀은 바뀌지 않았다. 정치체제는 형식적으로 민주화 되었지만 소수가 권력을 독점하는 체제는 여전히 지속되고 있다. 음식은 풍부해졌고 보관과 조리도 편해졌지만 우리가 먹고 배설하는 기본 방식은 달라지지 않았다. 법은 더욱 복잡해졌지만 힘 있는 자들에 봉사한다는 것은 달라지지 않았다. 전쟁 수단은 더 다양해졌으며, 서로 죽고 죽이는 싸움은 여전히 하루도 끊이지 않고 일어난다. 직업은 다양하지만 먹고 살기 위해 일한다는 점은 여전히 동일하다. 주거는 더 편하고 따뜻하며 안전하지만 가족들이 모여 사는 방식은 크게 다르지 않다.

문명의 발전이 보잘것없는 것은 아니지만 그것은 인간의 동물적 욕구들을 지지하고 보완하는 선에서 발전을 이루어 왔을 뿐이다.

문명은 인간의 잔인성을 개선하지 못했고, 인간의 야만적 미신들을 제거하지도 못했으며, 편 가르지 않고 함께 살아가는 문화를 만들어 내는 것에도 성공하지 못했다. 남이 죽어야 내가 사는 문화, 내 것을 지키기 위해서는 상대를 죽이는 문화, 근거 없는 상상의 신들을 배경으로 서로 다른 믿음들을 공격하고 죽음으로 모는 종교 문화, 뭔지도 모를 민족을 근거로 서로 대립하고 죽고 죽이는 편 가르기 문화, 더 가진 사람이 더 갖고 싶어 하며 덜 가진 계급을 멸시하고 지배하려는 문화, 좁은 반경 내에 죽음과 마약과 춤과 웃음과 분노가 함께 있으면서도 서로는 아무 관련도 없는 문화, 환경이 오염되고 생태계가 파괴되어도 스스로 멈출 수 없는 통제 불능의 문화 등은 단지 문명의 어두운 뒷모습만은 아니다. 문명이 인간의 문제를 해결하지 못했고 앞으로도 해결하지 못할 것이라는 불안을 던져 주는 현실이다.

문명이 아무 일도 하지 않은 것은 아니다. 사실 문명은 스스로 그 내부의 문제와 거짓을 모두 지적했고 해법도 제시해 왔다. 그럼에도 모든 문제와 거짓된 문화는 극복되지 않았고 인간의 의미 있는 진보는 이루어지지 않았다. 왜 문명은 스스로의 문제점과 그 해법을 제시해 왔으면서도 그 모순을 풀어내지 못했던 것일까?

인간 문명의 적은 허구와 상상에 의한 거짓된 믿음 체계이며 그것은 특히 종교와 민족이다. 거짓과 상상의 허구적 체계가 인간을 지배하지 못하도록 한다면 문명은 스스로 답을 내놓고 해법을 찾아갈 것이며 야만을 뛰어 넘어 인간을 위해 봉사할 것이다. 종교와 민족이 인간 생활에서 유용한 면이 있었다는 것은 사실이다. 삶을 위로하고 연대감과 소속의식을 갖게 하며 경쟁을 촉진시키고 관리를 효율적으로 할 수 있었다. 그러나 허구에 의한 거짓된 믿음 체계에서 위로 받을 생각을 접어야 문명이 제 기능을 찾아갈 것이다.

인간 문명의 또 하나의 적은 허구와 상상에 물든 용기 없는 우리들, 인간 자신이다. 문명은 허구와 미신을 드러냈다. 이미 드러난 철학적 사유와 과학의 발견으로 많은 부분 위선이 밝혀져 있다. 그러나 용기 없고 집착하는 우리들은 진실을 보려 하지 않고 진실을 믿으려 하지 않으며 진실을 실천하려 하지 않는다. 그런 우리들은 선의의 사람들이고 성실한 집단이고 지식인들이다. 우리들의 그런 선의로부터 비롯된 잘못된 믿음과 용기 없음이 지금도 벌어지고 있는 집단 간 학살과 차별, 그리고 인간 불행의 원인이다.

인류 문명이 지식과 지혜를 축적하며 진실을 찾는 데까지는 성공적 걸음을 하고 있지만 상상에 의한 거짓된 믿음도 변신에 성공하며 문명과 공존하고 있다. 거짓된 믿음은 나약한 인간 의식 구조 속에서 승자로 자리 잡고 있다.

문명이 더 많은 것을 알아내야 세상이 바뀌는 것은 아니다. 이미 밝혀진 진실들을 바로 보고 받아들여야 세상도, 우리의 삶도 바뀔 것이다. 나는 결국 인간이 용기를 가질 것으로 믿는다. 이 거짓을 이겨 낼 수 있다고 믿는다. 인간의 문명이라는 것이 인간을 편리하게 하는 것에 그쳐서는 안 될 일이다. 문명의 본질적 사명은 우리와 우리를 둘러싼 환경을 이해하고 우리의 좌표를 설정하는 것이다. 또한 목표에 맞게 인간 자체를 변화시키고 인간이 어디까지 갈 수 있는지 도전할 수 있는 환경을 제공해야 할 것이다. 문명의 사명 달성을 위해 철학의 갈 길이 멀다.

내가
없다

돈이라는
허구

돈 많은 사람을 부러워하지만 왜 그들이 돈을 더 가져야 되는
지에 대해서는 묻지 않는다. 왜 특정한 사람들이 돈을 더 많이
벌어야 하는가?

　우리는 돈에 관심이 많고 되도록 많이 갖고 싶어 하지만 돈에
대해서 아는 것은 사실 많지 않다. 권력기관이 아무것도 아닌 종
이나 금속에 의미를 부여하면 돈이 된다. 그러면 사회구성원들이
이를 인정하고 이를 통해 재화의 가치를 정하고, 그 가치를 저장하
거나 지불하는 수단으로 사용한다. 사람들은 돈을 통해 편리한
방법으로 그들의 욕망을 거래한다. 편리한 방법이라는 점 때문에
재화와 서비스의 종류도 크게 늘어나게 되고 돈이 하나의 상품이
되기도 한다. 사실 돈 자체가 상품으로 거래되는 시장은 오늘날
어느 나라에서든 가장 큰 규모의 시장이다.

놀라울 정도로 창의적이고 편리한 기능을 가진 돈은 이제 더이상 물질일 필요도 없다. 다양한 형태의 화폐가 있고 이 화폐는 점점 디지털화 된 숫자와 코드로 변해 간다. 돈이 있어야 살 수 있는 세상이 되었는데 돈은 발행과 유통과 소유와 분배에서 많은 차별적 요소를 가지고 있다.

자국 돈에 힘이 있는 나라에서는 돈을 찍어내서 곳간을 채울 수도 있지만 자국 돈에 힘이 없는 나라에서는 돈이 없으면 나라가 부도가 나거나 어렵게 돈을 빌려야 하는 처지가 되기도 한다. 어떤 사람은 땀을 흘려 육체 노동을 해야 돈을 벌고 어떤 사람들은 단지 돈 자체를 거래하고 교환하는 것으로 땀 흘려 버는 돈의 수천 배를 벌 수도 있다.

돈은 어떤 사람이 많이 가져야 하는가? 열심히 일한 사람인가, 창의성을 가진 사람인가, 사회적으로 헌신한 사람인가, 배고픈 사람인가, 부모를 잘 만난 사람인가?

어떤 사람이 컴퓨터 네트워크에 코드화 되어 있는 숫자로서의 돈을 많이 가져야 되는가 하는 것에 경제학은 관심이 없겠지만 철학에서는 아주 중요한 질문이 될 수 있다. 돈의 소유는 개인의 행복과도 밀접한 관계가 있다. 지금까지 우리 사회에서는 돈의 소유에 대해 어떤 식으로든 합의된 시스템을 가지고 있었다. 머리가 좋

내가
없다

돈은 어떤 사람이
더 많이 가져야
하는가?

은 사람, 돈을 먼저 가지고 있던 사람, 그 돈을 가진 사람을 부모로 둔 사람, 운이 좋은 사람, 도전을 좋아하는 사람, 권력을 가진 사람, 남보다 앞선 정보를 가진 사람 등이 돈의 소유에 유리한 입장에 있는 사람들이다. 사회계급과 돈이 긴밀히 연결된 과거 사회에서 능력 있는 사람은 누구든 돈을 벌 수 있는 사회로 전환된 것은 하나의 중요한 진보라고 할 수 있다. 그러나 돈을 더 벌어도 좋은 개인들의 능력은 누가 정한 것인가? 누가 그런 재능들을 돈을 보다 쉽게 벌 수 있도록 제도화시켰는가? 머리 좋은 사람이 힘센 사람이나 착한 사람보다 더 많은 돈을 가지고 더 행복해야 하는 이유는 무엇인가? 왜 특정 능력이 부의 소유에 유리해야 하는가? 이미 정해져 있다고 어쩔 수 없는 것이 아니라 질문해야 한다. 질문해야 답을 찾고 변화를 만들 수 있다. 공동체의 행복에 더 많이 기여한 사람, 부모에게 효도한 사람, 타인을 더 많이 웃게 만든 사람, 장애인을 더 많이 도운 사람, 거짓말을 하지 않는 사람, 깨끗한 환경을 만들기 위해 노력하는 사람들이 있다. 많은 사람들을 행복하게 하고 인품이 좋은 사람들의 노력을 지수화해서 그들이 더 많은 돈을 가지고 더 행복하게 살도록 할 수는 없을까? 공동체를 행복하게 하는 것, 그것이 능력 아닐까? 머리 좋은 것보다, 좋은 부모를 둔 것보다, 공부를 더 많이 한 것보다 공동체를 행복하게 하는 사람들이 더 능력이 있는 것이 아니란 말인가? 이런 노력들을 우대하고

내가
없다

이를 능력으로 대우해서 그들이 돈을 더 소유하게 하고 좀 더 행복하게 만들어 준다면 공동체가 더 발전하고 더 굳건해질 것이다.

물론 인간은 이미 소유한 것보다는 좋아하는 일을 하는 과정에서 더 큰 행복을 느낀다. 그렇더라도 돈은 개인의 행복에 중요한 요소이고 그렇기 때문에 그 분배 방법을 다시 생각해 볼 시기가 되었다. 여기서 말하는 새로운 돈의 분배 방식은 공산주의적 분배 방식과는 다르고, 자본주의적 분배 방식과도 다르다. 4차 산업혁명으로 생산방식이 근본적으로 변하기 때문에 돈과 자원의 배분 방식이 바뀌는 것은 당연한 일일 것이다. 앞으로는 로봇과 인공지능의 결합으로 인간의 힘으로 달성하기 어려운 높은 생산성을 확보하게 될 것이다. 로봇은 생산하고 인간은 소비하는 세상이 올 것이다. 인간은 묻고 인공지능이 답을 찾는 세상이 올 것이다. 이런 세상에서는 사실상 오늘날과 같은 능력은 더 이상 능력으로 취급될 수 없을 것이다. 그러기에 새로운 능력의 발굴이 요구된다. 새로운 능력은 더 많은 재화를 창출하는 능력이 아니라 우리 공동체에 더 많은 행복을 가져오는 능력들이다. 새로운 능력을 발굴하고 합의하고 지수화하며 분배하는 방식에 대해 사회가 머리를 맞대고 논의하는 과정이 필요하다. 그런 날이 올 것이다. 새로운 노력들이 능력이 되고 지수화 되고 분배되려면 정부의 역할은 더욱 중요할 것이다. 정부와 정부가 모여 하나의 단일한 정부가 필요하다.

민족도 종교도 더 이상 서로를 구별하는 기준이 되지 못하는 수준 높은 의식을 많은 사람들이 갖게 된다면 세계가 하나의 정부를 구성하는 그날이 올 것이다. 하나의 정부가 되어야 우리가 가지고 있는 상상의 거짓된 관념을 극복하고 인류를 위한 올바른 처방을 실행할 수 있을 것이다.

자유라는 허구

인간은 자유를 꿈꾼다. 그러나 인간은 자유로울 수 없는 치명적 한계를 가지고 있다. 자유란 그 시간, 그 장소, 그 상황에서 해야 할 일을 하는 것이다.

　인간은 누구나 자유를 사랑한다. 누구든 구속 받고 갇혀 있고 싶어 하는 사람은 없다. 자유란 하고 싶은 일을 구속 받지 않고 자기 뜻에 따라 할 수 있는 상태를 말한다. 누군가 육체적, 물질적, 정치적 힘을 가지고 있다면 그 사람이 누릴 수 있는 자유의 폭은 그만큼 더 넓어지게 된다. 인간이 힘을 키우고 권력을 얻으려는 이유는 본인의 자유를 더 크게 하고 행복을 얻기 위한 것이다. 권력은 개인이나 집단의 자유를 넓혀 줄 수 있고, 반대로 타인들에게 내가 하고 싶은 일을 대신 하도록 강제할 수 있다. 자유는 인간 행복을 위해 꼭 필요하기도 하지만 자유자체가 행복이기도 하다.

어떤 사람들은 하고 싶은 것이 많지만 일에 쫓겨서, 시간이 없어서, 용기가 없어서, 사람들의 눈이 무서워서 등 여러 이유 때문에 자기가 하고 싶은 대로 하지 못하는 경우가 많다고 한다. 그래서 눈치 안 보고, 개인의 자유를 무엇보다 중시하며, 실제로 그렇게 행동하는 사람들에게 부러운 마음으로 '자유로운 영혼의 소유자'라고 말하기도 한다. 철학자, 예술가 등은 비교적 자유로운 영혼에 속하는 집단이라고 할 수 있다. 그들은 편견과 관습에 대항하거나 그것들을 무시하는 경향이 있기 때문이다.

그런데 철학은 인간이 정말 자유로울 수 있는 존재인지를 묻는다. 그리고 인간이 정말 자유를 원하기는 하는지도 묻고 있다. 직장에 다니는 사람들이라면 퇴직 후에는 자유롭게 살겠다는 희망을 가지고 하루하루를 이겨 내기도 한다. 그런데 퇴직 후에 많은 사람들은 출근할 곳이 없어 불안하다고 말한다. 소속감이 없어지고 혼자인 것 같고 외롭게 느껴진다는 것이다. 아무도 날 간섭하지 않고 아무도 날 찾지도 않고 뭐든 할 수 있는 시간이 있는데 자유롭다는 생각은 들지 않고 행복하지도 않다. 가장 하고 싶은 일이 여행이었는데 막상 퇴직하니 여행을 가고 싶은 마음도 없어지고 뭔가를 해 보려는 의욕마저 없어지는 경우도 있다.

부부 간의 일에서도 같은 현상이 일어난다. 성격도 안 맞고 잔소리를 많이 하는 배우자가 싫어서 이혼을 하고 자유롭게 살려고

내가
없다

했는데, 막상 이혼 후에는 그 잔소리가 그립고 아쉽다. 그것이 사람이기도 하다.

무엇이 문제인가? 마음이 가는 대로 살고 싶은데, 정작 하고 싶은 것이 무엇인지 잘 모르는 경우가 많다. 어릴 때는 물론이고 나이가 들어서도 자신이 뭘 하고 싶은지 모르거나 아예 관심이 없는 사람들이 많은 것은 새삼스런 일도 아니다. 하고 싶은 것을 마음대로 할 수 있는 것이 자유인데 하고 싶은 것이 없거나 하고 싶은 일을 모르거나 하고 싶은 일에 관심이 없다면 누구나 자유를 원하는 것은 아닐 수 있다. 또 하고 싶은 일이 있어서 했는데 실제로는 그 일이 내가 생각했던 것만큼 행복하다고 느끼지 못하는 경우도 많다. 이제 첫 문장에서 당연하다고 생각해서 말했던 '인간은 누구나 자유를 사랑한다'는 말은 다시 생각해 봐야 할 듯하다.

우리 인간은 자유를 원하지 않고 원할 수도 없는 것 같다. 인간 자유 실현에는 세 가지 풀어야 할 문제점이 있다. 첫째는 인간이 스스로 무엇을 하고 싶은지 잘 모른다는 것이다. 둘째는 인간이 스스로 하고 싶은 것을 다 할 수 있는 능력이 안 된다는 것이다. 셋째는 인간에게는 무엇을 희망할 수 있는 실체가 없다는 점이다.

첫째, 인간이 무엇을 하고 싶은지도 모른다는 것은 인간은 타

자의 욕망을 욕망한다는 자크 라캉[28]의 말 속에서 그 통찰의 일면을 찾을 수 있다. 그의 정신분석학적 또는 구조주의적 해석은 차치하더라도, 인간은 성장과정을 통하여 사회적 질서 속에서 요구되는 욕망을 전수 받고 그 욕망을 자신의 것으로 내재화 한다는 위 말의 뜻은 설득력이 있다. 인간의 욕망은 사회적 질서에 따라서 또는 관계와 경험에 따라서 다양하게 형성될 수 있다. 자신의 욕망이라고 생각하지만 실제로는 사회적 질서 속에서 부여되고 내재화된 욕망과 자신의 생물학적 욕망이 뒤섞여 있다.

둘째, 인간은 자신이 원하는 것이 있다 하더라도 그 욕망을 다 실행할 수 있는 능력이 없다. 인간은 욕망을 다 실행할 수 있는 존재로서 신을 상정하고 있지만 인간은 신이 아니며 신은 허구이자 거짓된 관념일 뿐이다. 인간은 자신의 능력 이상의 것을 희망하는 경우가 많기 때문에 하고 싶은 일을 할 수 있는 자유를 스스로 제한한다.

인간이 소극적으로라도 자유롭기 위해서는 자신의 능력으로 하기 어려운 일은 포기하거나 원하지 않을 수 있어야 한다. 그러나 인간은 욕구를 조절하는 것이 쉽지 않다. 인간의 욕구는 인간 진화과정의 산물이다. 고도의 수련과정을 거친 사람이라도 살아있

---

28 프랑스의 철학자이자 정신분석학자.

는 한 욕망에서 벗어날 수 없다.

외적인 자원 부족이나 인간능력의 한계가 인간 욕망실현에 장애요인이라 하더라도 욕망 그 자체에 대한 조절이 인간의 결심만으로 되지 않는 것이 문제인 것이다. 아울러 인간은 결심만으로 자신의 불쾌한 감정을 지울 수도 없고 결심만으로 스스로를 기쁘게 만들 수도 없다. 인간 행복의 원천은 욕망의 실현과 감정적 충만이며 이를 목표로 인간의 행위가 실현되고 조정된다. 그럼에도 인간의 욕망과 감정을 스스로 조정할 수 없다면 인간은 온전한 자유의지를 가졌다고 할 수 없다. 온전한 자유의지 없이 추구하는 인간의 자유라는 것이 무모하다고 할 수 있다.

셋째, 인간의 자아는 인류의 진화과정에서 나타난 하나의 기능으로서 실체가 없다. 또한 자기의식은 수천억 개의 신경 세포의 연결이다. 수천억 개의 신경 세포가 연결되어 자아 의식을 형성하고 인체의 생존을 도모하는 중요한 역할을 담당하고 있을 뿐 자유를 추구하는 주체일 수 없는 것이다. 인간의 자아는 세포라는 기계가 모여서 만든 하나의 기능이고 물리와 화학 법칙에 따라 움직이는 기계이다. 그런 기계로서의 자아가 자유를 구현하는 주체가 될 수는 없다.

다시 정리하자면 인간의 욕망은 생물학적 요인과 타인의 욕망을 욕망하는 학습의 결과이다. 그것에서 벗어나 스스로 하고 싶은 일을 하려고 해도 자신이 원하는 것이 무엇인지 정의하기가 쉽지 않다. 하고 싶은 것이 있어도 그것을 실행할 능력이 부족하다. 게다가 구조적으로 인간 욕망의 원천인 자의식은 인간 진화과정에서 생긴 하나의 기계이고 기능으로서 실체가 아니다. 따라서 인간은 자유로울 수 없다.

인류학자 레비스트로스[29]는 인간이란 하나의 장소이며 거기서 무언가가 일어난다고 갈파하였다. 자유의 주체로서 인간의 자의식, 정체성은 우리 의식 속에서 너무도 분명하지만 실체로서 증명되지 않는다. 때때로 스스로 자유롭다고 생각했고 스스로 의사를 결정하고 행동한다고 생각했던 나는 어디에 있는 것일까? '나'라는 자의식은 뇌세포의 여러 기능 중 하나이다. 실존의 주인으로서의 나는 없다. 하나의 허구적 상상일 뿐이다. 받아들이기 힘들더라도 여기서 출발해야 한다. 그것이 '나'이고 그런 것이 인간이기 때문이다. 하고 싶은 일을 하는 것이 자유라면 인간은 살아있을 때에만 자유로울 것이다. 죽으면 하고 싶은 일도 없을 것이기 때문이다. 그러나 인간이 살아 있을 때는 수많은 제약이 인간을 둘러싸게 된다. 그런 제약 속에서 자유를 실현하는 것이 쉽지 않은 것이다.

---

29 프랑스의 인류학자.

주체가 아닌 시간 속의 기능으로서의 인간 자아는 자유를 구현하지 못하지만 자유라는 달콤한 개념에 목말라 한다. 눈에 보이는 것은 사실의 극히 일부일 뿐이듯 우리가 자유롭게 행동한다고 생각하는 많은 것도 사실은 기계적 필요에 의해 자의식이 작동하는 것이다. 자유는 영혼이 있어야 가능한 것이다. 신이 각각 개성 있는 인격의 영혼들을 만들고 그 영혼들이 인간 자의식의 주체가 되어야 비로소 인간은 무엇인가를 원하는 자유의 주체를 갖게 된다. 그러나 우리를 자유롭게 할 그런 신은 없다. 어떤 소망을 위해 신을 필요로 한다면 우리는 미신적 함정에서 빠져 나오지 못할 것이다. 자유라는 것의 본성을 다시 생각해 볼 필요가 있다.

자유는 그 상황, 그 시간에 필요한 일을 하는 것이다. 사실 그것으로 충분하다. 그 상황과 그 시간에 필요한 일이란 습관일 수도 있고, 도덕일 수도 있고, 생리적 요구일 수도 있으며 몇 가지 요인들이 합쳐지거나 타협된 것일 수 있다. 인간은 영혼이라는 주체가 없이도 그 상황, 그 시간에 필요한 일을 할 수 있다. 시간과 장소, 상황을 떠난 절대적 의미의 자유라는 것은 없다. 그런 자유를 추구하는 일은 공허하다. 예술이 그렇고 종교가 그러하다. 자유란 하고 싶은 일을 하는 것이 아니고 그 시간, 그 장소, 그 상황에서 해야 할 일을 하는 것이다.

도덕이라는
허구

도덕은 필요하지만 인간의 행복을 억압한다. 도덕이 만들어진 역사와 배경에 질문을 던지는 작업이 필요하다. 아울러 새로운 도덕의 기준이 세워져야 한다. 그 기준은 인간이 행복해질 수 있는가에 맞춰져야 할 것이다.

인간이 지켜야 할 도리를 '도덕'이라고 한다. 윤리와 도덕을 구분하는 경우도 있지만 같이 쓰는 경우도 많으므로 여기에서는 같은 의미로 사용하겠다. 인간의 욕망이 부딪치고 나름의 질서가 필요한 상황에서는 주로 힘 있는 세력에 의해 질서가 세워지게 된다. 그 질서가 외적으로 강제된다면 '법'이라 하고 내적인 사고규제의 틀로 작용한다면 '도덕'이라 하겠다. 일단 한 번 만들어진 내적 사고 규제의 틀은 상황이 바뀌어도 쉽게 바뀌지 않고 지속성을 띠게 된다.

내가
없다

도덕의 중요한 역할 중에 개념을 정의하는 일이 있다. '여자란 모름지기 여자다워야 한다'는 말은 당연한 말처럼 들리기도 하고 동어 반복적인 말처럼 들리기도 한다. 하지만 이 속에 도덕이 원하는 '여자'의 개념이 정의되어 있다고 보아야 한다. 그 개념 속에는 사회가 여자에 대해 가진 폭력성도 숨어 있다. 학생은 학생다워야 한다는 말 속에도 도덕이 원하는 학생의 개념이 정의되어 있고 사회가 학생에게 가하는 억압이 숨어 있다.

도덕이 인간의 정신을 오랫동안 지배할 수 있었던 이유는 바로 그것이 개념을 정의하는 역할을 맡아 왔기 때문이다. 도덕이 정의하는 개념들은 합리적이지 않지만 시간과 공간 같이 선험적으로 인간 사고의 기준이 된다. 합리적인 누군가가 도덕의 기준에 의문을 제기해도 합리적 토론이 이루어지길 기대할 수 없을 것이다. 도덕이란 그 사회가 사고하는 틀이기도 하기 때문이다.

'진실해야 한다'는 도덕률[30]이 있을 수 있고 '국가에 충성해야 한다'는 도덕률이 있을 수도 있다. 그러나 '이성의 명령'이라는 도덕률은 피지배계급에만 적용되는 도덕률일 수 있다. 예로부터 지배자는 권모술수도, 패륜도 용납 받아 왔다.

---

30 보편성을 지닌 선한 행위를 해야 한다는 이성의 명령.

철학은 도덕에게 물을 수 있다. 마땅히 지켜야 할 도리라는 것은 무엇인가? 도덕이 정해질 당시에 그런 도덕이 만들어져야 할 이유가 무엇이었나? 그런 이유가 아직도 존속되는가? 그 이유가 존속되기 때문에 그런 도덕이 유지될 필요가 있는 것인가?

역사를 볼 때 도덕에 가장 많은 영향을 끼친 것은 종교와 지배계층의 이익이었다. 도덕이란 생각만큼 아름다운 이유에서 정해진 것은 아니었다.

이탈리아의 공산주의 이론가 그람시는 '헤게모니'를 '한 계급이 힘의 위력을 통해서가 아니라 제도, 사회관계, 관념의 조직망 속에서 동의를 이끌어 냄으로써 자신의 지배를 유지하는 수단'이라고 설명하고 있다. 바로 도덕이 이런 헤게모니를 강화하는 가장 중요한 영역 속에 들어 있다고 할 수 있다.

오늘날 도덕적 기준에 대한 재평가가 많이 이루어지고 있고 차별적인 도덕질서에 대한 개선도 많이 이루어지고 있다. 그러나 도덕이란 몇몇 사람의 생각이나 제안으로 바꾸자고 주장할 수 있는 것이 아니기 때문에 그 변화의 속도는 아주 느리고 점진적이다. 또한 아무 근거도 없는 기존의 도덕질서들이 더 강화되거나 새로운 도덕적 질서들이 아무 비판 없이 수용되는 경우도 많다.

도덕은 공동체의 생활 유지를 위해 필요한 측면이 있다. 그럼에

내가
없다

도 도덕의 생성 요인은 역사적으로 종교나 권력자의 헤게모니를 강화시키는 쪽으로 작용해 왔다. 불합리한 측면을 개선하고자 해도 집단 내의 개인들의 사고 속에 선험적으로 박혀 있어 변화가 쉽지도 않다. 그러나 시간이 걸려도 도덕에 대한 새로운 기준을 마련할 필요가 있다. 그렇다면 새로운 도덕에 대한 기준은 어떻게 만들어져야 하는가? 또한 기존 도덕의 타당성을 평가할 새로운 기준은 무엇이어야 하는가?

마땅히 지켜야 할 도리인 도덕과 윤리는 인간을 행복하게 해주는 것을 기준으로 하여 정해져야 한다. 이유 없고 필요도 없는 도덕 기준으로 인해 인간이 억압당하고 행복을 추구할 기회가 봉쇄되는 경우가 많다.

조선시대 또는 서양의 중세시대에만 불합리한 도덕적 요구로 인해 인간의 행복이 제한 당하고 있었던 것은 아니다. 오늘날에도 인간의 도덕 속에 녹아 있는 불합리한 요구로 신음하는 많은 사례가 있다. 대표적인 것이 죽음에 관한 도덕적 제약과 억압이다. 이에 관한 것은 뒷장에서 별도로 다룰 것이다.

생명윤리, 경제윤리, 환경윤리, 직장윤리, 결혼생활 윤리, 공무원 윤리 등 도덕과 윤리는 우리 생활의 모든 부분과 밀접하게 관련되어 있다. 그러한 윤리는 우리의 나침반 역할을 하며, 어떤 행위에 대해 고민할 필요 없이 정해진 사회적 선택을 따르도록 강제하는 역할도 하고 있다. 또한 도덕은 따라야 할 당연한 것으로 받아들여지며 그것에 의문을 던지면 사회에서 배척을 당하거나 이단아 취급을 당할 수도 있다.

생명윤리를 포함한 각 부분의 윤리들은 사회 구성원 각자의 태도와 사회 구성원들의 참여를 통한 의식 형성이 필요한 것들이다. 그럼에도 생명 윤리가 종교적 배경 하에 정해지는 것이 당연하고 경제적 윤리가 경제학자나 입법자들에 의해 제안되고 정해지는 것이 당연하다. 그 과정에 일반인의 참여는 극히 제한적인 것이 사실이다.

철학은 기존의 도덕을 무조건 수용하지 않는다. 그 이유를 묻고 역사를 묻는다. 그리고 그 도덕적 요구가 인간을 행복하게 해주기 위한 것인지를 묻는다.

철학하는 사람의 도덕은 인간에 맞추어져 있고 인간의 행복에 맞추어져 있다.

당연한 것에는 누군가의 의도나 누군가에 대한 폭력이 숨겨져 있을 수 있다. 물어볼 필요도 없이 당연한 원칙을 말하는 사람이 있다면 그가 속고 있거나 당연한 원칙을 통해 이익을 취하려는 의도가 있는 것일 수 있다. 당연한 것에 질문을 던지면 새로운 세상

내가
없다

이 열린다. 바로 여기에 인간이 더 행복해질 수 있는 기회가 있다.

고대사회에서는 노예제가 당연한 도덕 속에 포함되어 있었고 남성에 대한 여성의 복종은 지켜야 할 덕목 중에서도 중요한 것이었다. 이런 부당한 압박을 도덕에서 떨쳐 내는 데 수천 년이 필요했다. 이미 지적했듯이 많은 사람들은 우리의 도덕적 요구들이 현재는 상당한 정도로 합리화 되었다고 생각한다. 그렇게 생각하는 이유는 우리의 문명이 발전했고 우리가 지금의 도덕적 환경에 상당한 정도로 적응되었기 때문이다. 몇 십 년 또는 몇 백 년 후의 사람들이라면 지금의 도덕적 환경에 몸서리칠 것이 틀림없다.

우리가 인간의 행복을 도덕의 기준으로 삼는다면 상황은 바뀔 것이다. 민족에 대한 의무를 언급하는 사람은 부도덕한 사람으로 취급될 수도 있다. 신을 믿는 사람들은 도덕적으로 위험한 모험을 하는 사람으로 여겨질 수도 있을 것이다. 능력 있는 사람이 돈을 번다고 한다면 부당한 일이라고 여겨질 가능성이 있다. 어떤 도덕이든지 개인의 판단은 가장 소중하다. 강요된 기준이 아닌 개인의 판단을 통해 받아들여지는 그런 도덕들을 설정해야 한다. 그 판단의 기준은 개인이 행복하고 공동체가 행복해지는 것인지를 고민하는 것이어야 한다. 도덕은 지배세력의 이익을 대변하는 것이 아니라 인간을 더 행복하게 하는 일들로 채워져야 한다.

2
CHAPTER

그 외의
허구

결혼에 대해서 신화를 걷어 내는 것은 행복의 작은 출발이다. 결혼이 불행해지는 대부분의 이유는 결혼이 너무 큰일이기 때문이다.

결혼

결혼은 인생에서 가장 중요한 것으로 여겨진다. 그러나 그렇게 중요하다고 인식하는 것이 결혼 생활의 불행을 초래한다. 결혼은 작은 것이어야 한다.

사람들의 인생에서 가장 중요한 순간이 결혼이라고 얘기해도 많은 사람들의 동의를 받아 낼 수 있을 것이다. 결혼은 한 쌍의 남녀가 만나 가정을 이루는 것이 일반적이지만 동성끼리의 결혼도 점차 받아들여지는 추세이다.

플라톤의 저서에 『향연』이라는 책이 있다. 사랑에 관한 다양한 이야기가 나오는데, 등장인물인 아리스토파네스의 주장이 흥미롭다. 그에 의하면 원래 인간은 몸이 서로 붙어 있었다고 한다. 여성과 여성이 붙어 있는 경우, 남성과 남성이 붙어 있는 경우, 여성과 남성이 붙어 있는 경우로 세 가지 형태의 성이 있었다. 이것을 제우스가 번개로 내리쳐 갈라지게 되었는데 인간들은 몸이 나뉘고 난 뒤에 자신의 반쪽을 찾아 완전한 모습을 회복하려고 하며 이것이 사랑이라는 것이다.

이 설명에 의하면 사랑은 두 사람이 만나 하나의 완전체를 이루는 것이고 결혼은 바로 이런 행위의 완성이 되는 것이다. 실제로 결혼을 앞둔 사람들이라면 이런 식의 설명에 많은 공감을 할 수도 있다. 그리고 결혼에 대해서는 이런 식의 인격적 일치나 완성이라는 신화가 보편적으로 의식화 되어 있다고 생각된다.

그러나 사실 두 사람이 만나서 같이 살아가는 경험은 이와는 다른 경우가 대부분이다. 결혼을 할 때 사람들은 자신과 비슷한 반쪽을 만나는 것이 아니다. 자신과는 다른 사람을 만나게 되고 두 사람 모두 결혼 후에도 자신의 인격을 바꾸지 않는다.

사람은 잘 바뀌지 않는다. 그것이 일반적이다. 특히 중요한 것은 결혼을 한다고 바뀌지는 않는다는 점이다. 상대가 나에게 맞추어 줄 것이라는 생각은 쉽게 이루어질 수 없는 꿈이고 맞추어질 수 없는 부분을 사랑이 메꿀 수 있을 것이라는 것도 인류의 경험상 어려운 일이다.

내가
없다

'결혼하면 조금은
달라지지 않을까?'라는
헛된 기대

자신의 반쪽을 만나 일치를 이루어야 된다고 생각한다면 두 사람의 불행은 예정되어 있다고 보아야 한다. 서로 다른 생각, 다른 욕구, 다른 취향을 인정하지 않고 신화적인 일치를 꿈꾼다면 불행해진다. 결혼에 대해서 신화를 걷어 내는 것은 행복의 작은 출발이다. 결혼이 인생의 중요한 출발점이라고 하더라도 행복한 삶을 위해서는 결혼, 그것이 많은 것을 의미하는 것이어서는 안 된다. 결혼, 그것은 작은 일이어야 한다. 결혼으로 인생을 바꾸려는 시도를 한다면 불행해질 가능성이 높을 것이다. 결혼이 불행해지는 대부분의 이유는 결혼이 너무 큰일이기 때문이다.

결혼의 가장 중요한 목적이 두 사람의 성행위를 사회가 인정하는 절차라고 하면 거칠긴 하겠지만 크게 벗어난 설명은 아닐 것이다. 결혼은 이 정도에서 조금만 더 나간 정도이면 충분할 것이다.

사회적으로도 결혼은 작은 일이어야 하고 결혼식도 작은 결혼식이어야 한다. 결혼 후에도 두 사람은 다른 길을 갈 것이고 자신의 책임 하에 인생을 설계하고 도전해야 한다.

결혼은 다양한 문화 속에서 정착되어 왔지만 단지 문화적인 산

내가
없다

물일 뿐이며 결혼이 인간의 본성과 직접적으로 연결되어 있는 것
은 아니다.

　미래에는 결혼의 문화가 많이 변화될 것이다. 결혼은 사라질
수도 있다. 또는 인간과 로봇이 결혼할 수도 있고, 로봇과 로봇이
결혼할 수도 있다. 결혼의 형태가 바뀌어도 결혼, 그것에 너무 많
은 의미를 싣지 않는 것이 좋다.

보수와 진보

한국사회의 보수와 진보의 분열은 심각하다. 그러나 현재의 보수와 진보는 이념적으로 아무것도 의미하지 않는다. 현재의 유권자들과 미래세대를 위한 보수와 진보의 기준이 새롭게 제시되어야 한다.

한국 사회는 갈등이 많은 사회다. 지역적 갈등, 세대 간 갈등도 있지만 대통령 탄핵 사태에서 보듯 보수와 진보의 갈등은 심각한 단계에 있다. 보수는 진보를 불안하고 위험한 빨갱이라고 하고 진보는 보수를 무지한 수구집단이라고 몰아세운다. 양쪽 집회에서 자칫하면 대형 폭력사태가 올 수 있는 위험한 순간도 있었다. 그러나 스스로 진보 또는 보수라고 하더라도 진보가 뭐고 보수가 뭐냐고 물으면 대답하기 어려워한다.

내가
없다

한국사회의 보수는 친일과 독재의 책임 일부를 가지고 있으며, 산업화를 자랑스러운 유산으로 가지고 있다. 진보는 한국전쟁 이후 이념대립에서 의심스런 행동을 한다는 비난을 받고 있으며 민주화라는 자랑스런 유산을 가지고 있다. 그러나 사실 친일과 독재는 보수 자체와는 아무런 이념적 연계를 갖고 있지 않다. 오늘날 보수세력은 자유민주주의와 시장경제를 신념으로 한다고 주장하는 바, 지난날의 독재와 관치 경제는 이런 주장과는 전혀 맞지 않는 것이며 오히려 반대되는 행태인 것이다.

아울러 친북적이라고 얘기되는 통일세력들도 진보의 이념과는 상관없다. 북한 정권은 유례 없는 장기 독재정권이다. 북한 정권이 초기에는 진보적이라 불렀을지 모르지만 오래 전부터 전체주의적 장기 독재정권이며 주민의 삶이 억압당해 왔다. 따스한 경제와 인권을 신념으로 한다고 주장하는 진보가 친북적이라는 것은 맞지 않는 일이다.

그럼에도 불구하고 보수와 진보는 실제로 자신의 이념과는 맞지 않는 정치적 자세를 보이고 있다. 보수는 강력한 관치경제주의자이며 독재자였던 이전 정권을 옹호하고 있고, 진보는 북한주민을 위해서라고는 하지만 북한정권에 따뜻한 시선을 보내고 있는 것이 사실이다.

이것은 각 측이 지향하는 바와 실천 사이에 괴리가 발생하는 것이다. 이것은 잘못된 설정이며 보수와 진보로 구분되어서는 안 되는 일이다.

현재 한국의 보수와 진보는 추구하는 가치와 보호하고자 하는 가치가 다르고 실제로 정치하는 행태도 이념과 맞지 않다. 그러므로 유권자들이 선거를 통해 이념을 표현하고자 해도 잘못 설정된 구도에 따라 투표를 하는 부조리가 생긴다. 국민 대다수가 참여하는 투표행위가 잘못된 구도 속에서 행해진다는 것은 우스꽝스러운 일로 치부하기엔 너무도 치명적이다.

보수라면 기존 사회 체제를 유지하고 발전시키는 차원의 이념이다. 그러나 한국 사회는 짧은 기간 압축적 발전을 하면서 산업화와 민주화를 이루어 냈기 때문에 지극히 동적인 요소가 많았다. 무엇이 지켜야 할 가치이고 보호해야 할 이념인지 사회적 합의를 이루어 내는 경험을 쌓지 못했다. 그런 상황에서 정치계에서는 각각의 정당 세력들이 표를 의식하며 이념을 표명하고 보수와 진보라는 개념을 사용해 왔다. 이 때문에 한국의 보수나 진보는 개념 따로, 현실 따로 조각조각 누더기 같은 이념 집단이 되어 버렸다.

보수가 자유민주주의와 시장경제를 신봉한다면 독재보다는 민

내가
없다

주주의를 지향하는 것이 맞다. 또한 시장경쟁을 왜곡하는 독과점 식 재벌 경제보다 공정거래 기능을 강화하여 시장을 다양화, 활성 화 하려 할 것이다. 오늘날 보수가 개발독재 시대 같은 강한 정부 를 그리워하고 대기업의 역할을 옹호하는 듯이 보이는 것은 전혀 보수답지 않은 일이다.

진보도 민주주의 수호자 역할을 하기보다는 오히려 정부 기능 을 강화하여 복지를 늘리고 부의 평등과 다양한 시장의 실패를 보 완하는 것이 더 자연스런 방향일 것이다.

지금과 같은 진보와 보수의 구분은 거의 아무것도 의미하지 않 는 것이며 상호 상처만 주고 함께 발전하기 어려운 구조이다. 보수 가 우리의 가치를 지키는 세력을 정의한다면 우리사회가 지켜야 할 가치를 합의해 내야 한다. 보수가 바른 설정을 해야 그에 맞는 진보도 형성될 수 있다. 진보는 그 자체로는 매우 불안한 이념의 개념이다. 보수가 사회의 바른 가치를 찾아내 수호하고 중심을 잡 아가야 그에 대한 더 나은 대안으로서의 진보가 성립할 수 있기 때문이다. 보수가 자랑스러운 가치를 찾아내 한국사회의 중심이 되어 갈 날이 빨리 오기를 바란다.

철학을 하는 사람들은 진보인 경향이 있다. 철학은 '왜'라고 묻 는 학문이기 때문이다. 사회의 가치들이 안정되게 설정 되어 있을 때에만 진보는 왜 그래야만 되는지를 물을 수 있다. 기존체제에 질문하고 저항하고 대안을 제시할 수 있도록 보수가 먼저 지켜야 될 가치 높은 이념들을 정립해야 한다.

오랫동안 보수와 진보를 구분하는 중요한 가치였던 자유와 평등, 경쟁과 분배는 보수와 진보를 가르는 지속적인 기준이 될 수는 없다. 그런 유형의 구분은 인공지능과 생명공학의 발달로 새로운 삶의 형태가 나타날 미래에 대응할 수 없다. 지금도 보수와 진보는 다가오는 미래 시대의 가치에 대해 많은 토론이 필요하지만 정치인들에게 그것을 기대하기는 어렵다. 국민이 깨어 있어야 한다. 국민들이 정치인들로 하여금 깨어 있는 국민들의 요구를 그들의 목표로 삼지 않을 수 없는 사회를 만들어야 한다.

보수는 지켜야 할 좋은 가치를 빨리 찾아내 수호하고, 진보는 항상 새로운 기준을 공급해야 한다. 공급된 진보적 기준은 수호되어야 할 좋은 보수적 가치로 받아들여져야 한다. 이 사이클이 더 활발하고 유연하게 되어야 인간사회가 더 발전할 수 있게 된다. 특히 한국사회에서의 보수는 새로운 옷을 입어야 한다. 전혀 진보적이지 않은 진보가 진보 행세를 하지 못하도록 보수가 공동체의 행복을 위한 새로운 이념으로 재탄생하기를 기다린다.

내가
없다

보수(保守),
지켜야 할 가치는
무엇인가?

3
CHAPTER

허구를 지탱하는 원인

인간은 자기 삶의 의미를 위협하는 진실과 증거는 필요 없다고 여긴다. 그래서 철학이 필요하다. 밝혀진 범위 내에서 인정하고, 밝혀야 할 것을 질문하고, 잘못된 근거들을 내던지고 새로운 근거를 쌓아가는 것이 철학일 것이다.

인간이 진실을 받아들이지
못하는 이유

인간은 진보를 이루었지만 진보의 결과를 스스로 부정하고 있다. 새로운 세상은 더 많은 정보에서 오는 것이 아니라 이미 밝혀진 진실들을 받아들이는 용기에서 온다. 내 눈에 보이는 것과 다르고 내 믿음과 다른 것을 진실이라는 이유로 믿는 것이다.

인간의 지식이 폭발적으로 늘어난다고 하지만 우주를 이해하기는 너무도 부족하다. 오히려 인간 스스로를 이해하기 위한 지식도 턱없이 부족한 것이 현실이다. 인간의 인식이 얼마나 미흡한지, 왜 불완전한지에 대해서는 앞 장에서 이미 살펴보았다.

그렇다고 해서 우리가 이루어 놓은 업적들이 보잘것없다고 할 수도 없다. 모르는 것이 많다고 해서 우리가 찾아낸 성과들을 부정하는 것은 옳지 않다. 철학적 작업들이 그릇된 믿음을 걷어 내는 것에서 출발한다는 것은 당연한 일들이다. 그런 작업들의 성과로 인간이 근거 없는 믿음들에서 벗어나 새로운 대안을 찾고 인류를 진보하게 했다는 것도 당연한 일들이다. 사실 초기 인류에 비해 인간과 인간을 둘러싼 환경에 대한 이해는 놀라울 정도로 깊어졌다. 우리의 문명적 성과들은 새로운 출발을 할 수 있을 정도로 충분한 지식을 얻어 내고 대중화 되기도 했다. 앞으로도 인간은 보다 더 새로운 것을 지속적으로 추구할 것이고 그 방법도 더 새롭고 대담해질 것이다.

그러나 인간이 얻은 지식을 토대로 새로운 세상을 그려낼 수 있을지는 더 많은 지식을 생산하는 것보다 기존에 알려진 진실의 결과들을 받아들일 수 있을 것인가에 달려 있다고 할 수 있다. 새로운 지식을 쏟아내고 철학과 과학이 대중화 되어 있지만 아직도 우리 문명 곳곳에 도사린 잘못된 믿음에 근거한 삶의 태도는 바뀌지 않는다. 믿어 온 것을 믿고, 현재 믿는 것을 믿고자 하는 것은 편안한 일이다. 저명한 철학자나 과학자 중에서도 영혼을 믿는 학자들이 많다. 인류가 얻은 지식과 개인들 삶의 믿음이 다른 경우가 많은 것이다. 일반인들의 경우는 말할 것도 없이 전적으로 그렇다.

이렇듯 본인의 앎과 생활 속에서의 믿음이 다른 것은 인간의

내가
없다

방어적 본능 때문이다.

　인간은 오랫동안 잘못된 지식을 배경으로 삶을 꾸려 왔다. 모두가 아는 바와 같이 잘못된 믿음에서 벗어나는 과정이 우리의 문명이고 역사이기도 한 것이다. 그러나 오랫동안 우리와 함께해 온 잘못된 믿음들은 우리 자신이 되어 버렸다. 우리의 경험과 오래된 믿음들은 그 자체로 우리의 자아를 이루게 된 것이다.

　자아 또는 자기의식은 진화과정에서 태어난 뇌의 기능 중 하나이다. 그런 기능으로서의 자아를 채우는 내용들은 경험과 그 축적된 경험을 통한 믿음들이다. 나의 경험과 그 경험으로 축적된 믿음들이 그대로 나의 자아가 되고 그 경험과 믿음에 반하는 정보는 자아를 부정하는 것으로 인식된다. 인간의 방어적 본능이 나오는 것이다. 그런 본능은 자아를 지키려는 당연하고 인간적인 태도이기도 하다. 자아가 혼동되는 경우 그 충격은 작은 것이 아니다.

　TV 드라마에서 나오는 엇갈린 출생의 비밀들은 이런 모습을 잘 보여 주고 있다. 주인공은 뼈를 깎는 고통 속에서 힘을 길러 원수에게 복수를 하고자 찾아갔는데 사실은 그 원수가 주인공이 그토록 그리워하던 아버지였다. 그리고 그 아버지는 주인공을 위해서 원수의 혐의를 뒤집어썼고 역시 힘든 세월을 보냈던 것이다. 복수를 삶의 목표로 살아온 주인공은 극심한 혼돈 속에서 삶의 목표를 잃고 울부짖는다. 이런 설정은 흔한 스토리일 것이다.

누군가를 향한 미움이 자아의 큰 부분을 형성하는 경우도 있을 것이고, 누군가에 대한 사랑이 자아를 차지하기도 한다. 신에 대한 믿음, 민족에 대한 애정, 타인에 대한 증오 등은 자신의 의지와 상관없이 자신의 일부가 된다.

자신의 일부가 된 경험과 믿음들은 어떤 증거를 들이대도 쉽사리 무너지지 않는다. 이런 현상이 단일민족이라는 믿음이라면 더 굳건할 것이고, 유일신이라면 더 심각할 것이라는 것은 쉽게 짐작할 수 있다.

오히려 다민족이고 다신교적인 사회라면 그릇된 상상의 믿음으로 인한 피해는 줄어들 것이다. 남미의 인디언들에게 스페인 침략자들은 조상을 몰살시킨 원수일 수도 있다. 그러나 그 와중에 그들의 몸에 스페인의 피가 섞여 들었다. 그리고 아프리카인의 피도 섞여 들었다. 누가 원수고 누가 피해자인지, 누구의 승리와 누구의 눈물을 계승해야 하는지 고민일 수 있다. 그럼에도 남미 사람들은 이런 문제에서 비교적 자유로우며 심각하지 않다. 자아의 기준을 민족이나 인종에 맞출 수 없게 되면서 인종적 분규도 발생하지 않는다.

인도는 인구수보다 신들의 수가 더 많다고 하는 나라다. 이런 나라에서는 종교에 대해서는 관용적이다. 하나의 민족, 하나의 신

내가
없다

을 주장하는 것에서 문제가 생긴다. 자아화 된 민족과 신들이 서로 부딪히기 때문이다. 우리는 민족이 상상의 공동체라는 사실에 동의한다. 신 또한 상상의 산물임을 안다. 증거는 차고 넘친다. 그러나 자아화 된 민족과 신은 오늘도 우리의 삶을 통제하고 나와 타자를 구분하게 만든다. 인간은 자기 삶의 의미를 위협하는 진실과 증거는 필요 없다고 여긴다.

그래서 철학이 필요하다. 밝혀진 범위 내에서 인정하고, 밝혀야 할 것을 질문하고, 잘못된 근거들을 내던지고 새로운 근거를 쌓아 가는 것이 철학일 것이다.

세상이 바뀌지 않는 것은 우리가 진리를 찾지 못해서가 아니라, 있는 진리를 받아들이지 못하기 때문이다. 밝혀진 진실만으로도 새로운 출발을 할 수 있다. 이미 충분한 증거를 찾아내고도 긴 시간이 흘렀다. 중요한 것은 인정할 것을 인정하는 것이다. 잘못된 믿음을 걷어 내는 것은 자아를 부정하는 것이 아니고 새로운 자아를 이루어 내는 것이며 더 넓은 자아를 만들어 내는 것이다.

믿어온 것을 믿고자 하는 본능을 걷어 내는 것은 쉬운 일이 아니다. 용기가 필요하다. 철학적 용기와 결단이 필요한 일이다. 나와 타자를 구분하는 방식으로 구성된 자아를 넓혀야 한다. 본능을 뛰어 넘어 새로운 진화를 설계하는 단계의 인간이라면 인간의 불

행을 야기하는 수많은 적대화된 타자들을 자기 안에 받아들이고
자기 안의 자아화된 신념들은 걸러 내야 할 것이다.

내가
없다

믿어서 생긴 지식과
의심해서 얻은 지식

의심해서 얻은 지식만이 지식일 뿐이다.

인류 문명의 진화과정은 믿어서 생긴 지식과 의심해서 얻은 지식간의 투쟁과정이라고 할 수도 있다. 믿어서 생긴 지식을 다시 구분하자면 세 가지 정도로 구분할 수 있다.

첫째는 눈으로 보이는 것을 믿는 것이다. 지구가 평평하다고 생각하는 것, 금속 물질이 조밀하다고 생각하는 것, 사람이 하나의 생명이라고 생각하는 것 등이 그 예라고 할 수 있다.

둘째는 전해 내려오는 것을 믿는 것이다. 우리 공동체가 오랫동안 함께해 온 가치들인 윤리와 도덕, 사회체계에 대한 의무 등이 그것이다. 우리가 다른 공동체에서 태어났다면 다른 신념을 지식으로 받아들였을 것이기 때문에 이것은 상대적인 가치이며 상대적

이 세상이, 이 사회가
바뀌지 않는 이유는
무엇인가?

인 지식일 뿐이다.

셋째는 믿는 것을 믿는 것이다. 믿는 것을 기반으로 이론을 세우고 지식을 만들어 나간 경우이다. 신앙과 신학이 이런 경우이다. 믿는 것을 믿고 이를 기반으로 지식을 세우는 것은 인간 문명의 가장 큰 장애요소였고 아직까지 그렇다.

세 가지의 믿음 과정들이 상호 작용하면서 막연한 믿음들을 지식으로 만들어 왔다.

의심해서 얻은 지식들은 모든 철학적 사유와 과학적 탐구를 통해 생성된 지식들이다. 철학은 의심하는 학문이고 자신의 존재마저 의심하는 처절한 탐구의 학문이다. 과학은 가설을 세우고 검증하는 학문이다. 우리를 둘러싼 시간과 공간을 이해하는 우주론, 종의 다양성에 대한 진화론, 인간의 자아가 영혼의 작용임을 부정하는 뇌과학 등은 끊임없는 의심과 탐구를 통해 형성된 지식들이다.

불행하게도 문명사회에서 우리 일상생활을 지배하는 핵심 지식들은 믿어서 생긴 지식들이다. 사실 믿어서 생긴 지식들은 지식이라고 말하기에는 검증의 엄격성이 떨어져서 지식이라고 이름 붙이기도 어렵다.

믿어서 생긴 지식과 의심해서 생긴 지식이 충돌하는 경우에는 타협이 이루어지기도 하지만 대부분은 각자의 길을 간다. 상호 간에 설득은 가능하지 않다. 믿어서 생긴 지식도 지식이라고 생각하기 때문에 양쪽의 지식이 충돌하는 모양새가 된다. 믿어서 생긴 지식들은 그 지식이 생성된 역사가 검증되지 않는다. 믿음의 출발인 신화는 믿음의 대상이고 지식이 된다.

믿어서 생긴 지식과 의심해서 생긴 지식은 두 개의 경우가 지식으로 같이 비교될 수 없음에도 마치 별개의 영역인 듯 나누어져 있다. '신앙'과 '이성' 같은 분류가 그런 예이다. 수많은 사람들은 믿어서 생긴 지식들을 지식으로 믿고 행동하고, 그런 믿음과 행동들이 또다시 이웃들에게 그런 지식의 타당성을 입증하는 강력한 증거로 제시되어지기도 한다.

이렇게 문명화된 지식사회에서 우스꽝스런 믿음들이 지식이 되고 그토록 오랫동안 유지되는 이유는 의심해서 생긴 지식들도 역시 불완전하기 때문이다. 의심해서 생긴 지식들은 하나의 가설이고 새로운 지식이 나올 때까지만 유용한 지식으로 활용된다. 그렇다고 해서 의심해서 나온 지식들이 믿어서 생긴 지식들과 비교될 수 있는 것은 아니다. 아무런 근거도 없는 신화를 바탕으로 한 지식들이 대단한 의심의 과정을 거쳐 나온 지식들과 같이 비교될 수

내가
없다

는 없다.

믿어서 생긴 지식을 활용하고 그것을 지식으로 생각하는 사람들은 의심해서 만들어진 지식만을 지식으로 인정하겠다는 사람들보다 훨씬 많다. 믿어서 생긴 지식들은 지식도 아니지만 이것을 통해 생업을 이어가는 사람들의 수는 강변의 모래처럼 많다. 이것을 통해 삶의 위로를 얻으려는 사람의 수는 바닷가의 모래처럼 많다. 믿어서 생긴 지식을 위한 큰 시장이 형성되어 있다. 이들은 본인들의 행동이 인류에 대해 얼마나 해악한 것인지도 모르고 있다. 안다고 해도 자신들의 믿음을 버리지 않을 것이다.

인류 문명이 믿어서 생긴 지식과 의심해서 얻은 지식 간의 투쟁이라면 이 싸움은 아직 끝나지 않았다. 역사는 의심해서 얻은 지식의 승리 같은데도 아직도 인류의 대다수는 믿어서 생긴 지식으로 일상생활을 하는 경우가 더 많다.

의심해서 얻은 지식만이 지식일 뿐이라고 굳게 믿는 것만으로도 세계평화가 오고 인류가 새로운 삶을 설계할 수 있다는 사실은 인류에게 아직도 희망이 있다는 것을 의미한다.

신념과
신념의 충돌

믿음에 근거한 신념들의 충돌을 멈춰야 한다.

오늘날은 종교의 시대라 해도 과언이 아닐 정도로 종교가 번성하고 있다. 기독교 신자는 21억 명을 넘고 있고 이슬람교 신자는 13억 명을 넘고 있으며, 힌두교와 불교를 합한 인구도 13억 명에 육박한다. 이외에도 많은 소수 종교를 믿는 신자들이 있다. 특정 종교를 가지고 있지 않은 사람들도 7억 명을 넘지만 신이 없다고 믿는 무신론자는 지구상에 1억 5천만 명 정도만이 있을 뿐이다.

수억 명 이상이 믿는 종교들 간의 교리는 저마다 각각이고 대부분의 종교는 다른 종교를 믿는 사람들은 진실한 신을 예배하고 있지 않다고 생각한다. 각각의 종교에는 목숨을 버려서라도 자신

내가
없다

이 믿는 신의 뜻을 지키겠다는 많은 신자들이 있다. 누구든 자신의 종교가 옳은 신을 받들고 있다고 믿는다. 각각의 믿음들은 상호 배타적이어서 한쪽이 옳다면 다른 쪽은 미신일 수밖에 없다. 수십억 명 믿음의 집단들은 당연하게도 내가 또는 우리 집단이 옳다고 생각하며 다른 사람과 다른 집단은 틀렸고 구원 받을 수 없다고 생각한다. 일방의 입장에서 본다면 타방의 종교에서는 한꺼번에 수십억 명의 미신 집단들이 광란을 펼치고 있다고 생각하게 된다.

영원한 생명이 걸려 있는 문제이다 보니 각 종교집단 간에 양보할 수 있는 여지는 없어 보인다.

내가 맞고 상대방이 틀려야 내가 구원 받을 수 있다면 누구라도 상대방을 쉽게 인정할 수 없을 것이다. 그렇다면 어떻게 수십억 명이 오류를 범해야 하는 신념과 신념의 충돌이 발생하게 된 것일까? 인류의 입장에서 보자면 어느 한 종교가 올바른 신을 예배하고 있다고 하더라도 나머지 수십억 명은 올바른 신의 버림 받는 미신 집단이 되어야 하는 구조이다. 이런 구조는 너무도 비극적이다.

내가 또는 우리가 틀릴 수도 있다는 생각은 종교에서 가능하지 않다. 앞 장에서 살펴보았듯이 종교는 믿음에서 출발한다. 그 믿

지금까지 믿어온
모든 것을 의심할
용기가 있는가?

음에서 지식이 만들어지고, 교리도 만들어진다. 믿지 않거나 의심하면 종교는 시작될 수도 없고 지켜야 할 교리도 만들어지지 않는다. 다른 종교가 맞을 수도 있다는 생각은 애초에 가능하지 않은 것이다.

내가 틀릴 수 없다거나, 우리 집단이 틀릴 수 없다는 것은 아무런 근거가 없고 오로지 믿음에서 출발한 믿음, 믿음에서 출발한 신념일 뿐이다.

상대방이 잘못되었다는 근거는 우리 믿음이 올바른 것이라는 믿음에 근거한다.

물론 나 또는 우리 집단만 그렇게 생각하는 것이 아니고 상대방과 상대방의 집단도 우리와 동일하게 그들의 믿음에서 출발하여 우리의 잘못을 지적할 것이다.

이런 종교적 논리를 아직도 중요하고 거룩한 심정으로 대하는 것이 맞는지에 대해서는 회의적일 수밖에 없다. 무슨 일이 있어도 무슨 말을 해도 믿어서 생긴 지식이나 믿음을 바꾸는 것은 불가능에 가깝다. 의심해서 얻은 지식을 믿어서 얻은 지식보다 신뢰하는 합리성을 갖는 것만이 이런 비이성적인 신념과 신념의 대결을 바로 잡을 수 있다.

철학은
용기이다

인간이 자부심 많은 문명과 더불어 있으면서도 그 안에서 허구와 미신에 가득 찬 삶을 사는 것은 묻지 않기 때문이다. 철학하지 않기 때문이다.

철학은 질문하는 학문이다. 왜라고 묻고, 끝까지 묻고, 마지막 대답도 질문으로 한다. 철학하는 사람들은 다른 사람들이 관심도 없고 묻지도 않으며 이미 다 알고 있다고 생각하는 것에 대해서 질문을 던진다. '나는 누구인가? 올바른 삶이란 무엇인가? 어떻게 사는 것이 가치 있는 삶인가? 우주는 무엇인가? 우리는 어떻게 앎을 가질 수 있나?'를 묻는다.

서양철학에서 철학은 사랑한다는 그리스어 'Philos'와 '지혜'라는 그리스어 'Sophia'가 결합한 'Philosophia'로, '지혜를 사랑하는 학문'이라는 뜻이다. 중국에서는 밝을 철(哲)을 사용하여 '철학(哲學)'

내가
없다

이라고 한다. 세상을 밝혀 주는 지혜를 연구하는 학문이라는 뜻이다. 오래 전부터 인류의 사상과 문화를 이끌어 온 철학이 최근 들어 위기에 빠져 있다. 전통적인 철학의 질문들에 과학이 답한다. 철학이 묻고도 철학이 제대로 답할 수 없었던 질문들에 과학이 대답을 하기 시작한 것이다.

인간이란 무엇인지, 영혼이란 무엇인지, 우주가 어떻게 생겨났는지, 생각한다는 것이 무엇인지를 물리학, 천문학, 생물학, 뇌과학 등이 답하고 있다. 어떻게 사는 것이 옳은가에 대한 가치의 문제조차 과학이 밝혀낸 진화론과 문화이론 등에 힘입어 논의되고 있다.

사실 과학은 철학의 한 분야로서 경험과 가설, 관측과 실험을 중요시하는 학문 방법론에서 출발했다. 중세 이후 과학은 점차 철학과 분리되어 갔다. 과학은 눈에 보이지 않거나, 이론적 또는 실험적으로 검증될 수 없는 것, 재현 가능하지 않은 것 등은 묻지 않았다. 따라서 서양의 중세시대에 신학은 철학을 시녀로 부리고 철학은 과학을 시녀로 두었다. 이들은 신과 형이상학과 현실세계로 각각의 영역을 나누었으며 서로 침범하지 않았다. 신학은 믿음에서 앎이 생성되어야 했고 철학은 대답할 수 없는 질문을 반복하며 생각하고 또 생각했지만 여전히 아무것도 확실히 안다고 말할 수 없었고 앎이 증가 되었다고 할 수도 없었다. 그런데 과학적 지식은 실험과 경험을 통해 오류를 거듭하며 느릿느릿 축적되어 갔고 근대에 들어서면서 앎이 폭발적으로 증가하게 되었다. 어느덧 과학의 지식은 거대해져서 지식혁명으로 이어졌다. 인터넷을 통한 새로운 지식이 만들어지고 공유되면서 소수가 독점했던 지혜와 지식을 모두가 가질 수 있게 되었다. 오늘날 과학은 모든 지식 생성의 유일한 방법으로 자리 잡은 듯하다. 신과 신학은 과학적이지 않다는 이유로 공격 받고 있다. 신앙으로는 하늘을 날 수 없었지만 과학으로는 인간이 하늘을 날고 있다. 신앙으로 인간은 물 위를 걸을 수 없었지만 과학으로 인간은 수천 명이 한꺼번에 물 위를 여행한다. 신앙은 기도하면 인간의 병이 낫는다고 하지만 기도하고도 낫지 않는 사람이 많은 반면 과학으로는 기도하지 않아도 누구라도 즉시 효과를 보는 약품을 만들어 낼 수 있다. 전통적 철학의 과제였던 우주론, 인간론, 자연론은 대부분 과학이 적극적으로 대답을 내놓고 있다. 그러면 철학의 시대는 끝난 것인가?

처음으로 돌아가자. 철학은 질문하는 학문이다. '왜'라고 묻고 끝까지 묻는다. 뉴턴이 사과가 떨어진 이유를 물었다면 그것을 철학이라 할 수 있다. 다윈이 다양한 변종의 생성 원인이 궁금해서 '왜'라고 물었다면 그것을 철학이라 말할 수 있다.

우리가 이유를 묻는다면 허구를 넘어설 수 있다. 인류 문명이 허구로 가득 차 있는 원인은 우리들 개인이 묻지 않고 그저 믿어 버리기 때문에 생긴 일이다.

내가
없다

4차 산업혁명이 오고 있다는 말을 한다. 인공지능과 로봇이 인간을 대신해 답을 찾고 지식을 넓혀 줄 것이다. 그러나 질문은 인간이 한다. 변호사, 의사, 회계사라는 직업을 빼앗길 수 있지만 인간이 궁금해 하고 질문하는 철학적 동물인 한은 4차 산업혁명도 인간의, 인간을 위한 시대를 열 것이다.

그렇다면 앞으로는 다시 철학의 시대가 올 수도 있겠다. 인간은 질문하고 인공지능은 답하는 역할분담이 이루어질 것이다. 인간은 철학하고 인공지능은 과학하는 세상이 올 것이다.

우리의 교육에서 답을 외우는 것보다 사소하거나 엉뚱한 질문을 많이 하는 것이 점점 더 중요해지는 이유가 여기에 있다 할 것이다.

언젠가 인공지능이 질문까지 하게 될 것이다. 인공지능이 인간은 왜 존재해야 되는가를 묻는다거나, 왜 인공지능은 인간 이후 대안이 될 수 없는가를 묻는다면 인간은 인공지능과의 유일한 차이점을 잃을 수 있다. 결국은 그렇게 될 것이다. 인간과 인공지능은 같이 공존하고, 정보를 주고받고, 서로에게 묻고, 결국은 하나가 될 수도 있다. 인공지능이 철학도 하고 과학도 하는 사회가 올 수 있다. 그 사회가 어떠할지는 지금 우리가 알 수 없다. 그때가 오기까지는 인간이 주도적으로 질문을 던져야 한다. 질문이 중요해지고 철학이 중요해지는 시대에 살고 있다. 우량하고 새로운 질문이

많이 나올 수 있도록 우리의 교육을 변화시켜야 미래 우리의 생존
도 담보할 수 있다.

　단순히 물어만 봐도 새로운 세상과 삶이 열릴 수도 있다. 당연
한 것을 질문해 보고 그 질문을 통하여 우리가 만들고 싶은 세상
을 그려 봐야 한다.

　세상의 모든 것을 다 알아야 질문이 멈춰질 수 있을 것이다. 그
러므로 철학의 길은 멀고 멀다.

내가
없다

철학의 시대는
다시 도래할 것인가?

4

CHAPTER

허구를
넘어서

짧은 시간의 삶이기에 그 무엇보다 행복의
가치가 더 필요한 때가 많은 것은 사실이다.
그러나 행복감을 뒤로하고서라도 불편한 진
실과 마주 서는 것이 질문하는 인간이 택해
야 할 책임일 것이라 생각한다. 거기에서 자
연의 진화가 멈추고 진화의 산물인 인간이
진화를 조정하고 설계하는 새로운 창조가 열
리게 될 것이다.

동물과
인간

동물은 인간과 같이 고통을 느낀다. 그런 고통은 인간이 겪는 고통과 다른 것이 아니다. 진화는 잔인한 방식으로 진행되었다. 오직 인간만이 진화의 잔혹함을 바로잡을 수 있고 인간에게만 그런 책임이 있다 할 것이다.

인간은 동물과 달리 이성이 있는 존재 또는 영혼이 있는 존재로 오랫동안 동물과 다른 존재 형태임을 스스로를 인정해 왔다. 그러나 다윈의 진화론은 인간의 뿌리가 다른 동물들의 뿌리와 크게 다르지 않으며 인간과 동물의 차이는 서로 다른 방식의 적응을 겪으며 남겨진 결과의 차이라는 통찰을 주었다.

인간을 만들었다는 신은 허구와 상상의 존재로서 인간세상의 어두운 면을 증폭시켰다는 비판을 받을 수 있다. 그러나 인간 존재의 새로운 설명으로 등장한 진화 역시 아름답다고 할 수 없는 어둠을 지니고 있으며 비판 받을 수 있다. 동물 생명체는 식물이나 다른 동물의 유기물을 갈취하고 이를 분해하여 에너지를 소비하는 형태로 진화해 왔다. 동물이 식물을 먹는 것은 고통을 수반하지 않는 것으로 믿어진다. 그러나 동물이 동물을 먹을 경우에는, 특히나 통증감각기관이 고도로 발달한 고등동물이 또 다른 고등동물을 먹을 때는 왜 이렇게 잔인하게 진화되었는지 의아해진다. 이러한 진화의 과정과 결과가 아쉽게 느껴지는 것이다.

인간과 가까이 지내고 인간이 고기로서 소비하는 가축들은 인간이 그들의 번식과정에 개입했다고는 하나 인간 못지않은 고도의 진화과정을 거쳐 오늘에 이르렀다. 따라서 가축들의 통증감각기관 역시 고도로 발달되어 있는 것으로 보인다. 인간의 고통이 닫힌계에서 일어나듯이 동물의 고통도 개별 동물 생물체들의 닫힌계에서 발생하므로 우리가 그 고통을 느낄 수 없지만 가축들도 인간과 비슷한 정도의 고통을 체험하게 된다는 것은 분명한 사실이다. 인간의 중요 목표 중의 하나가 고통을 제거하는 것이라면, 동물들도 가능하기만 하다면 고통을 덜고 싶어 할 것이다.

인간이 하나의 기계이고 동물도 기계이며 인간 자의식이 허구의 상상이고 진화의 한 기능이라면, 동물들의 의식도 하나의 허구적 상상이고 진화의 한 기능이다. 두뇌의 능력이 떨어지고 생김새가 다르지만 동물들은 오랜 진화 기간 중 대부분의 기간을 인간

내가
없다

과 같은 종으로 지내다 비교적 최근에 들어서야 서로 다른 종으로 분화되어 오늘에 이르렀을 것이다.

우리들이 동물들의 고통에 둔감한 것은 동물이 닫힌 체계 내에서의 고통을 느끼기 때문이다. 인간 종 내에서도 타인의 고통을 내가 느낄 수 없는 것과 같다. 닫힌계 내에서 지내는 인간의 고통을 상호 간 느끼지 못한다 하여 다른 사람들의 고통을 방관할 수 없듯이 동물이라 하더라도 닫힌계에서 고통을 느끼는 개체가 있다면 그 고통을 경감해 주는 것이 옳다고 생각한다. 그것은 진화의 잔혹함을 바로잡을 수 있는 유일한 생물체인 인간의 몫이다. 여기서 동물에 대한 인간의 식육을 부정하고자 하는 것은 아니다.

고기를 먹되 그 고통을 최소화한 상태에서 도축해야 하며, 동물의 사육 과정에서 가혹한 생활 조건을 만들지 않아야 한다. 더 좋은 방법은 가축의 줄기세포를 배양하여 고기를 만드는 것인데 이는 동일한 식감과 영양을 제공하지만 환경문제도 크게 경감하면서 동물에게 가혹하지 않은 방법이다. 수년 내에는 저렴한 비용으로 세포배양고기를 소비하고 동물들의 잔혹사를 끝내게 되는 날이 올 수 있기를 기대해 본다. 인간은 가축으로 키워지는 동물들과 근본적으로 다르지 않다. 지구상에 사는 모든 생물들이 더 적은 고통을 느끼도록 진화를 수정하고 행복을 증가시킬 수 있는 존재는 오직 인간이라는 책임감이 인간을 더 귀한 존재로 만들 것이다.

죄 없는
세상

죄 없는 세상은 가능하다. 미래에 인간의 혁명은 기술보다는 개념의 변화에서 올 것이다. 죄는 관리되고 치료해야 할 질병이다.

철학이 질문하는 학문이라 하더라도 결국은 답을 찾는 것이 그 목적이다. 그 답은 인간에 관한 것이고 진실에 관한 것이다. 인간은 짧은 삶 동안에 그 삶에 대한 답을 갖고자 하는 염원이 크다. 철학 한다는 것은 인간을 둘러싼 근거 없는 허구와 거짓의 체계를 걷어 내고 벌거벗은 인간의 모습으로 다시 출발하여 보다 행복한 인간 사회를 만들기 위한 하나의 작업이다.

죄 없는 세상이라면 보다 행복한 세상에 가까울 것이다. 그럼에도 우리가 살고 있는 사회에서는 왜 수많은 죄악이 넘쳐 나고 있는가? 인간은 죄 속에 파묻혀 있다고 할 것인데 죄란 무엇일까? 신

내가
없다

어떤 행동이
'죄'라는 것은
누가 판단하는가?

의 말씀을 어긴다면 죄라 할 수 있다. 사람을 죽인다면 죄라 할 것이다. 처자식을 두고 바람을 피운다면 이 또한 죄라 할 것이다. 해서는 안 되는 일을 하는 것을 죄라고 할 수 있다.

철학에서는 묻는다. 해서는 안 되는 일을 누가 정하는가? 신의 말씀은 종교에 따라 다르다. 넓은 의미에서 비슷하다고 주장하기도 하지만 종교에 따라 크게 다르기도 하다. 돼지고기는 먹지 말라는 계명도 있고, 소를 먹지 말라는 계명도 있으며 다 먹어도 좋다는 계명도 있다.

사람을 죽이는 것이 죄라고 하지만 전쟁에서는 사람을 죽이는 것이 장려되고 있고 국가는 합법적으로 죄인을 처벌하는 살인 면허를 갖고 있기도 하다. 서양의 중세시대에는 교회도 합법적 살인 면허를 가지고 잔혹한 처벌을 주도하기도 했다. 처자식을 두고 바람을 피우면 죄라 하지만 특정 문화권에서는 일부다처가 권장되던 때도 있었다. 그렇다면 죄는 시대적 상황의 반영이며 상대적인 것이고 누군가에 의해 목적을 가지고 정해지는 것이라고 할 수 있다.

죄와 그 처벌은 신의 대리인이 정하기도 하고 권력자가 정하기도 하고 다수의 시민들이 정하기도 하며 우연히 그렇게 정해지기도 한다. 죄를 정하고 금지하는 것은 많은 경우에 있어 사회적 질서를 유지하는 데 유용한 측면이 있다. 그러나 죄와 그 처벌은 시대에 따라 계급에 따라 또는 민족과 인종에 따라 부당하게 적용되

내가
없다

어지기도 했다는 것이 진실이기도 하다.

　죄는 두 가지의 주요한 원인으로 발생된다. 하나는 신의 율법이고, 다른 하나는 인간의 무한한 욕망과 자원의 유한함에 따른 필요한 배분 질서의 유지다.

　신의 율법을 위반하는 경우의 죄는 신들에 따라 다르게 정의되고 동일한 신도 일관된 계율을 만들지 못했다. 대부분의 경우 신의 계율은 해석하는 사람의 의도에 맞게 취사선택되어 사용되고 있어서 무엇이 신의 뜻인지 알기 어렵다. 그럼에도 신의 계율은 오늘날 죄를 정의하고 죄의식을 유발하는 가장 큰 요건이 된다. 문제는 신이 단지 허구일 뿐이라는 것이다. 신에 대한 문제는 앞 장에서 이미 검토한 바 있다. 신에 의한 죄는 현실에서는 중요하게 다뤄지지만 철학적 입장에서는 이미 사형선고가 내려져 있기에 이것을 더 이상 진지하게 다뤄야 할 이유는 없다.

　보다 중요한 것은 인간들 사이에서의 질서 유지라는 차원에서 고려되는 죄에 관한 문제이다. 우리의 죄가 자원분배 과정에서의 관리적 유용성과 질서유지라는 측면에서 결정된다면 죄는 선악의 문제일 수 없다. 누구를 위한 유용성이고 무엇을 위한 질서가 정의가 되고 죄가 되는지 모든 사람이 동의할 수 있는 일치된 합의는 없다.

　죄가 절대적인 선악의 문제가 아니라면 우리는 죄를 또는 죄

지은 자를 증오할 수 없다. 그리고 유용성의 문제로 죄를 처벌한다면 이는 공평하지 않고 정의롭다고 할 수도 없을 것이다. 누군가는 그 유용성의 기준에서 혜택을 받을 것이고 누군가는 갑갑함을 느낄 수도 있다.

그렇다면 우리 사회의 범죄를 다스리는 합리적이고 철학적인 방법은 무엇인가? 죄란 자원의 분배과정에서 발생되는 제반 문제를 관리하는 차원에서 정해진다는 것을 염두에 둔다면 죄는 관리의 대상의 되는 것이고 증오와 혐오의 대상은 아닌 것이다. 우리가 앞 장에서 인간의 자유에 대해 생각해 보았던 것을 떠올려 보아야 할 것이다. 인간의 자유의지란 그때 그 상황에서 필요한 일을 하는 것이다.

죄가 증오의 대상이 될 수 없다는 것은 인간의 자유의지가 스스로 원하는 일을 하는 것이 아니고 그 상황에서 필요한 일을 하는 것이기 때문이기도 하다.

사회와 국가가 개인이 죄를 짓기 원하지 않는다면 개인이 자유의지를 사용하여 그 시간, 그 상황에서 필요한 일이 죄와 관련이 없도록 예방하거나 관리하는 일을 해야 할 것이다. 철학자가 꿈꾸는 세상에서 죄는 증오의 대상이기보다는 사회가 치료해야 할 질병이고 관리해야 할 결핍이라고 할 수 있다.

범죄자를 분노의 대상으로 보는 것이 아니라 치료의 대상으로

내가
없다

보는 것은 합리적인 틀 내에 있는 사고라 할 수 있다. 죄의 처리에 관한 한 종교인들은 부끄러워해야 한다. 종교에서는 예방되고 치료되어야 할 인간의 행동에 '죄'라는 이름을 붙이고 영원한 처벌을 말하고 있다. 철학은 합리적이고 인본적 바탕에서 인간의 행동 양식과 문제해결의 한 형태로서 죄를 다루지만, 신은 잔인한 보복에 기반하여 죄를 다룬다. 인간은 욕심이 있고 감정이 있다. 세상의 재화는 유한하다. 분배과정에서 인간의 충돌은 필연적이다.

신이 인간의 죄를 묻는 방식으로 얼마나 많은 사람들이 희생되었는지는 일일이 거론할 수조차 없다. 게다가 죽은 이후에도 그 죄에 대해 묻겠다고 한다. 죄에 관해 종교인들은 전문가인 것처럼 행세해서는 안 된다. 그들은 있지도 않은 신을 근거로 올바르지 않은 진단표를 사용하여 잘못된 처방전을 남발하여 살아왔고 살아가는 사람들이다.

맹수들이 사람을 해친다고 해서 그 맹수들을 비난할 수 없다. 그것은 맹수들의 본성에 속하는 일이기 때문이다. 죄는 자원의 유한성과 욕망이라는 인간의 자연적 성향에 의해 만들어진다. 욕망에 따라 행동했다는 이유로 신이든 권력자든 인간을 비난해서는 안 되는 일이다. 필요한 관리가 이루어지지 않았다고 말해야 한다. 맹수들이 사람을 해쳤을 때 맹수를 비난하기 보다는 맹수가 사람을 공격하지 못하도록 적정하게 관리하지 못한 책임을 느껴야 하는 것과 같은 이치라 할 수 있다.

절도죄는 필요한 자원 배분에서 소외되거나 자원 획득 경쟁에서 탈락한 사람들이 결핍을 해결하기 위해 행하는 범죄이다. 이는 필요한 경제적 자원을 배분함으로써 치료할 수 있다. 강간죄는 필요한 성적 해소 방법을 갖지 못하고 성적자원 분배에서 소외된 사람들이 결핍을 해결하기 위해 행하는 범죄이다. 이들에게 필요한 성적 자원(성욕 억제제 또는 섹스 로봇 등)을 배분함으로써 치료할 수 있다. 폭력범죄는 분노를 억제하는 호르몬이 부족한 사람들이 흔하게 저지르는 범죄이다. 이들에게 행복 호르몬을 적정하게 투여한다면 분노가 억제되고 폭력성향은 급격하게 줄어들 것이다.

대부분의 범죄는 경제적 치료와 의학적 치료로 해결될 수 있다. 많이 소유한 사람이 더 많이 소유하려 하고 이미 충분한 사람이 넘치도록 갖고 싶은 것이 인간의 욕망이지만 관리되어야 할 과제이다. 보다 큰 문제는 이런 경제적 치료와 의학적 치료가 가능할 것인가에 있다. 경제적 치료는 부족한 것을 채워 주는 방법이다. 의학적 치료는 부족함을 느끼지 않도록 만족감을 채우는 방법이다. 모든 사람을 완벽하게 치료할 만큼의 재화를 생산하고 분배하는 것은 어렵겠지만 의학적 치료가 병행된다면 가능한 일이다. 희망적인 근거가 몇 가지 있다.

첫째, 인공지능과 로봇의 발달로 산업혁명 이후 또 다시 비약

내가
없다

적 생산성 향상이 이루어질 것이다. 로봇은 생산하고 인간은 사용하는 시대가 열릴 것이다.

둘째, 뇌과학과 의학의 발달로 인간의 분노조절과 행복지수가 관리 가능하게 될 것이다.

셋째, 가상현실이나 섹스 로봇 등의 발달로 부족한 성적 자원이 충족될 수 있을 것이며 성욕을 이유로 발생한 죄를 얘기하지 않아도 되는 날이 올 것이다.

오래지 않아 사람들은 배분의 문제를 극복하고 분노를 조절하며 죄에서 해방될 날을 맞게 될 것이다. 죄는 인간의 자연적 욕망과 부족한 자원배분이 만나는 곳에서 이루어진다. 철학은 죄를 치료의 대상으로 보며 과학을 통한 생산성 확보, 효과적 치료제 개발, 보완적 행복재(섹스 로봇 등 인간을 행복하게 해 주는 도구들) 개발로 죄의 해방구를 기획한다.

종교로서의 죄는 인간의 죄의식을 유발하고 살아있는 동안 죽음 이후의 공포로 삶의 질을 떨어뜨린다. 신은 인간 자의식 기능이 만들어 낸 허구의 관념이다. 신은 인간의 행복에 기여하기보다는 숱한 죄인을 만들어 내고, 죄의식을 만들어 내고, 종교적인 적을 만들어 내고, 학살과 증오를 만들어 냈다. 인류 역사에 긍정적인 역할보다는 부정정인 역할을 훨씬 더 많이 한 것이다. 상상과 허구의 관념이 그런 엄청난 일을 했다는 것이 놀라울 뿐이고 모든 것이 드러난 지금까지도 그 체계가 작동하고 있는 것도 놀라운 일이다.

인간은 죄를 치료의 대상으로 본다. 인간은 신보다 더 좋은 세상을 기획하고 실현할 수 있다. 수천 년 동안 신이 지배한 살아서의 세상과 죽음 이후의 세상은 아름답지 않았다. 인간의 나약함을 돌보지 않고 죄의 책임을 인간에게 오롯이 씌운 나쁜 관념은 빨리 사라져야 한다.

인간의 죄는 필연적으로 피해자를 낳게 되고 그 피해를 가해자의 처벌로 보상 받으려는 심리가 있으며 이는 당연하고 자연스럽다. 그러나 이런 식으로는 죄가 죄를 낳는 행위를 멈출 수 없다. 피해자를 줄이기 위해서라도 죄의 예방을 위한 선제적 구제 조치가 먼저 이루어져야 하고 행해진 범죄에 대한 적정한 치료와 관리가 병행되어야 한다. 죄가 발생될 수 없는 환경을 만드는 것이 시급한 일이다. 죄는 치료되고 관리될 수 있는 질병이며 인간은 이를 해결할 수 있다.

내가
없다

고통 없는
세상

고통은 인류의 진화과정에 필요했지만 인간이 계속 가지고
갈 필요가 없는 기능임에 틀림없다. 고통 없는 세상은 가능
하다.

죄가 없는 세상에 고통도 없다면 인간세상은 더 행복할 것이
다. 고통은 인간을 괴롭히고 삶의 의지를 꺾고 죄보다 더 인간을
힘들게 하는 것인지도 모른다.

고통이란 몸과 마음의 아픔이나 괴로움이다. 다른 동물들과
마찬가지로 인간은 진화과정에서 고통을 활용해 왔다. 고통이 없
었다면 상해를 입고도 치료하지 않거나 상해를 두려워하지 않고
공격적으로 행동하다 진화과정에서 도태되고 말았을 것이다. 두려
움이나 외로움 같은 정신적 고통 역시 인간의 공격성향을 억제하
거나 사회적 생활을 하도록 자극함으로써 진화과정에서 인간의 생

존을 돕는 데 활용되었을 것이다.

고통은 인간 진화과정에서 꼭 필요했기에 인류와 함께해 온 오랜 친구이기도 하다. 불교에서는 인생을 고통으로 본다. 사는 것 자체가 고통(苦痛)이고 이런 삶의 고통에서 어떻게 벗어날 것인가에 관한 것이 부처님의 가르침이기도 하다.

기독교에서 인간의 고통은 에덴동산에서 저지른 신에 대한 인간의 죄에서 시작되었다고 본다. 인간은 고통 없는 낙원에서 쫓겨나 출산의 고통, 땀 흘려 일해야 먹고살 수 있는 고통을 안게 되었다. 신은 아들 예수를 보냈고 믿음을 통하여 인간을 죄와 고통에서 구할 것이라는 복음을 전했다.

고통은 인간의 진화와 더불어 왔으나 종교적 염원을 통해 인간이 극복하고자 하는 가장 절실한 과제이기도 하다. 이런 고통의 큰 특징 중 하나는 지극히 개인적이라는 사실이다. 한 사람의 고통은 오로지 한 사람에게만 국한될 뿐 부모와 자식이라도 같이 느낄 수 없는 것이다. 고통이 한 개체에 갇혀 있고 '닫힌계' 내에서만 작용된다는 것은 한편으로는 다행스러운 일이고 한편으로는 불행한 일이다. 불에 타 죽어가는 자의 고통은 상상 그 이상으로 고통스러울 것이다. 그러나 불에 타는 것이 내가 아니라면 인간은 아무것도 느낄 수 없다.

아프리카에서 수십만 명이 굶주리고 마실 물이 없어도 한쪽에서는 축제를 즐기고 달콤한 사랑을 속삭이는 일은 어디에서나 있는 흔한 일이다. 타인의 아픔을 내 아픔처럼 생각하고 이를 도우려는 사람들도 많이 있지만 어디까지나 이성의 판단이고 실제로 아픔을 같이 느낄 수는 없는 일이다. 한 사람의 고통이 타인에게 전해질 수 없기 때문에 고통 받지 않는 타인은 태연히 스스로의 목적을 수행할 수 있다는 것은 다행이라 할 수 있다. 그러나 한 사람 또는 한 집단의 고통이 타인이나 타 집단에 전해질 수 없어서 모든 이가 나서서 고통 제거에 한마음이 될 수 없다는 것이 인류의 불행이고 개인의 고통이 지속되는 중요한 이유 중 하나일 것이다.

아울러 다른 이들이 지옥에 가도 자신은 구원 받겠다는 신앙의 뿌리 역시 닫힌계에 있는 인간의 자연스러운 이기심일 수 있다.

진화과정에서 중요한 역할을 했던 고통은 이제 그 역할을 획기적으로 줄이거나 제거되어야 할 단계에 와 있다.

행복은 기쁜 것이며 권태롭지 않은 것이며 아무리 작게 정의해도 심한 고통이 없어야 한다. 행복의 최저선 확보를 위해 우리는 고통을 줄일 준비를 해야 한다.

초기 인간의 고통에 대한 대응은 고통에 노출되지 않도록 사전적 예방하는 것에 그쳤다. 즉, 몸을 다치지 않도록 조심하거나 사나운 짐승을 피해 상처를 입지 않도록 하는 일 등이 그것이다. 그러나 일단 고통이 시작되면 마땅한 대응책이 없었고 잘 참거나 표현하지 않는 것을 미덕으로 여겼다.

근대의학의 발달로 육체적 통증은 점차적으로 관리되기 시작했다. 두통, 치통 같은 흔한 고통을 위한 진통제는 물론 큰 고통이 수반되었던 수술을 위한 마취제까지 개발되었다. 인간은 야생의 동물들은 누릴 수 없는 고통으로부터의 탈출이라는 큰 혜택을 입게 되었지만 아직까지 인간의 고통 관리에는 가야 할 길이 많이 남아 있다.

최근의 과학적 성과들은 고통을 줄이거나 제거할 수 있는 가능성을 보여 준다. 그러나 인류의 고통을 놓고 큰 틀에서 이에 대한 해결책을 찾는 진지한 논의나 노력은 이루어진 것이 별로 없다. 개인의 육체적·정신적 고통의 해소, 민족이나 계급, 종교 등 다양한 계층별 고통에 대한 근본적인 해결책을 제시할 필요가 있다. 진화과정에서 발생되고 함께해 온 고통은 아무리 좋은 말로 포장되더라도 결국은 없어져야 할 것이다. 때로 매운 맛, 쓴 맛을 즐기는 사람들처럼 고통을 통하여 삶을 느끼고 도전의식을 기르고자 하는 사람이 있다면 그 길로 가야 한다. 그러나 한센병 환자를 비유하며 고통이 사라진 세계는 축복이 아니고 고통이 인간에게 귀중한 선물이라고 말한다면 이는 고통의 효용을 과장한 것이다.

세상의 고통을 해결 불가한 것으로 생각하여 내세에서라도 고통을 벗어나고자 하는 종교의 시도는 한때 그럴 듯해 보였지만 수천 년 동안 아무것도 해결해 내지 못했다. 오히려 현세의 삶을 참고 견디는 것에 초점을 맞추어 고통의 치료와 관리에 무능했다고 볼 수 있다.

철학이 꿈꾸는 보다 나은 세상에서는 고통 관리를 책임으로 하는 정부 기관이 필요하다. 고통관리 기관에서는 개인 또는 집단의 육체적 고통과 정신적 고통에 대해 약을 처방하고 치료하고 관리한다.

욕망과 현실 사이에서 발생되는 고통도 경제적 처방, 성적 처방, 상담 처방 등으로 관리되어 행복한 사회의 기반을 다질 수 있다.

고통이란 것은 지극히 개인적인 체험이지만 사회가 나서야 해결할 수 있다. 우리 사회와 기관들이 고통의 해결이라는 목표를 가지고 세부적인 계획을 세우고 실천한다면 과학의 힘과 확대된 지적 능력으로 고통을 해결해 낼 수 있다.

외로움 없는
세상

인간은 외로움으로부터 자유로울 필요가 있다. 정신과 전문
의의 목표는 행복하지 않은 사람을 행복하게 만드는 데에
있다.

죄 없고 고통도 없고 배고픔도 없지만 인간은 여전히 행복하지
못할 수도 있다. 외롭기 때문이다. 최근의 보도를 보면 1인 가정이
급격히 늘어나고 결혼을 포기하는 젊은이들도 점점 많아진다고
한다. 밥도 혼자 먹고 술도 혼자 마시고 여행도 혼자 한다. 돈과
명예와 유쾌한 친구들로 둘러싸인 유명연예인들이 우울감 때문에
목숨을 던져 버리는 경우도 있다. 단체 생활을 하는 사춘기 학생
들의 경우는 친구가 꼭 필요하지만 적응에 어려움을 겪고 힘들고
외로워하는 경우가 많다. 주위에 사람이 없어도 외롭고 사람이 많
아도 외로운 것이 인간이다.

정신과 치료에 우울증 치료가 있지만 '외로움 클리닉'은 없다. 외로움은 우울증이 한 원인이기는 하지만 전체적으로 보면 여러 가지 복합 원인이 작용하여 우울증보다 훨씬 광범위한 상처를 남긴다. 통신수단의 발달로 어느 때보다 상호 교류가 많아진 세상이지만 사회 구성원 대부분이 매일 느끼는 감정이 외로움일 수 있다. 때로는 혼자인 것을 즐기는 사람도 있고 고독이 인간 창의성의 원천이라고 주장하는 사람도 있지만 지나친 외로움은 인간을 병들게 하고 스스로를 무가치하다고 여기게 만들 수 있다는 점에서 죄의식만큼이나 해악적이라고 볼 수 있다. 외로움을 치료하는 것은 정신과 전문의와 정부의 협조 속에서 관리되어야 한다. 정부의 목표는 인간의 행복지수를 높이는 것에 초점을 맞추어야 할 것이다. 정신과 치료의 대상은 행복하지 않은 사람 전체로 해야 한다. 정신과 치료의 목적은 행복하지 않은 사람을 행복하게 만드는 것에 있어야 한다.

정신과 의사는 약물적 처방은 물론이고 취미생활, 친구 만들기, 인공지능 로봇을 친구로 선택하기 등 다양한 방법을 통해 인간을 행복하게 만드는 전문가가 되어야 한다. 인간은 하나의 기계이며 자의식은 하나의 기능이다. 사람을 행복하게 하는 것은 컴퓨터를 수리하는 일처럼 인간의 기능이 최상의 상태에서 원활하게 돌아가게 하는 제일 좋은 방법이다. 죄도 없고 고통도 없고 외로움도 없는 인간은 행복에 전념할 조건을 갖추었다고 볼 수 있다. 행복한 인간이 어떤 일을 해낼 수 있을지 기대된다.

내가
없다

죽을 수 있는
권리

삶에 대한 권리가 중요하듯이 죽음에 대한 권리도 중요하다. 죽음에 대해 부정적인 문화는 삶의 질을 떨어뜨리고, 죽음을 처참한 환경으로 내몰아 간다. 인간은 존엄하고 쾌락한 죽음을 맞을 권리가 있다.

죽음은 무엇인가? 삶이 끝나는 것이 죽음이다. 이는 생명체가 호흡을 멈추고 물질대사를 정지하는 것을 말한다.

삶이란 무엇인가? 자연에서 삶의 의미는 번식하고 활동하고 주위와 관계를 맺는 한정된 기간이다. 이 기간 동안 인간은 다양한 경험을 하고 자신의 흔적을 주위에 남기게 된다. 그리고 고통과 즐거움을 맛보게 된다. 이 삶에는 누군가에 의해 주어진 목적은 없다. 각자가 스스로 삶의 방향을 정하고 도전하고 실행하고 실패도 하고 때로는 성공의 기쁨을 맛보며 생을 마친다. 이런 과정에서 관계를 맺는 주위 사람들은 서로 도움이 되기도 하고 경쟁하기도 하고 피해를 주기도 한다. 때로는 이런 관계가 지나쳐서 다른 사람들과의 관계나 그들의 인정이 삶의 목적이 되는 경우도 있다.

우리의 삶에 외부로부터 의도적으로 주어진 목표가 없다는 것이 인간을 허허롭게 할 수 있겠지만 그 때문에 인간은 목적을 정하고 삶의 성공과 실패의 기준을 정할 수 있는 여백을 가질 수 있다. 삶의 목표가 외부로부터 주어지지는 않지만 살아 있는 삶의 공통점으로서 행복을 추구한다는 점에서 인생의 목적을 행복 추구라고 말할 수도 있겠다.

삶은 행복을 추구하는 과정이고 행복을 위해서는 지혜가 필요하다. 삶에서 지혜란 적정한 목표를 세우는 것이고 도전할 수 있는 결단력과 행동하는 추진력을 포함한다. 또한 지혜는 끝없는 욕망의 굴레에서 벗어나 욕망할 만한 것을 욕망하고 만족할 만한 상황에서 만족하는 것이다. 도전을 한다면 결과보다는 과정을 중시할 것이다.

지혜를 갖추고 행복을 이루어 내는 것은 살아있는 삶에서 매우 중요하다 할 것이지만 모두가 또는 언제나 그럴 수 있는 것은 아니다. 특히나 우리들 중 누군가가 건강이 좋지 않다면 그 사람은 행복하기 어렵다.

내가
없다

죽음이 문제가 되는 것은 행복하지 않을 때이고 삶의 가치가 삶을 제거한 가치보다 적다고 느낄 때이다.

우리가 사고로 급작스럽게 죽는다면 어쩔 수 없는 일이다. 누구나 죽는 것이고 사고로 죽음이 덮칠 때는 인간의 힘으로 이를 받아들이는 것 말고는 다른 방법이 없다. 그러나 살아 있는 사람이 하루의 목표조차 세우기 어려울 정도로 건강을 잃고 몸과 마음이 통제되지 않을 때에는 살아있는 것 자체가 고통일 수도 있다.

삶이 행복을 추구하는 과정이더라도, 한 사람이 자신의 행복을 추구하는 일이 더 이상 가능하지 않을 때가 있다. 그리고 그 사람이 갖고 있는 현재의 고통의 크기가 그 고통이 끝나고 난 후에 그가 가질 수 있는 행복의 크기보다 클 때가 있다. 그럴 때 그 사람은 스스로의 삶을 끝낼 수 있어야 한다.

삶의 목적이 외부로부터 주어지지 않는 것이라면 삶을 끝낼 권리 또한 외부에 의해 제한되는 것은 옳지 않다.

그러나 현실적으로 우리사회에서는 스스로의 삶을 끝내고 죽을 수 있는 권리에 대한 억압기제가 많다. 우리 사회는 삶을 중시하는 문화가 있다. 죽음은 슬프고 부정적인 것으로 간주된다. 사실 죽어 있는 모습은 어떤 상태라도 아름답다고 하기 어렵다. 인간에 대한 최고의 형벌로 그 사람의 생명을 빼앗는 관행이 있는 것도 죽음에 대해 부정적인 이미지를 더했을 것이다. 또한 죽음 이

'순리에 따른 죽음'이란
과연 무엇인가?

후에 대한 공포를 증폭시켜 삶을 유지한 세력이 스스로 삶을 끝낼 권리를 원천적으로 부정하는 강력한 억압기제를 유지시켜 왔다는 것을 생각할 수 있다. 그러나 사실 죽는 것보다는 죽지도 못하는 상황이 인간의 가장 큰 두려움일 것이다.

이제 죽음에 대한 권리에 대해 사회가 새로운 합의를 이루고 새로운 문화를 만들 때가 되었다. 기존의 장례 문화가 매장 문화에서 화장 문화로 바뀔 수 있듯이 죽음에 대한 태도와 관점, 권리 관계와 효용성에 대한 판단 등도 바뀔 수 있다. 죽음은 진화한 기능인 자기의식이 그 기능을 종료하는 것을 의미한다. 행복을 추구하는 것이 가능하지 않을 때 진화한 기능인 자기의식이 스스로의 기능을 정지시킬 권리를 가져야 할 것이다. 죽음이 부정적으로 인식되고 사회가 구성원들의 죽음을 강력히 억압하기에 인간은 고도의 죄책감, 우울감, 불안감, 공포감 속에서 자살을 통해 생을 마감하는 경우가 많다. 그러나 자살의 방법은 전문화되지 못했다. 이로 인해 본인은 죽는 과정의 고통이나 공포를 겪어야 하고, 유족들은 죽은 이후 사체의 끔찍한 모습을 지켜봐야 한다. 이런 일을 겪는 충격은 견딜 수 없이 고통스러우며, 주위 사람들의 의혹과 따가운 시선을 감내해야 한다. 우리나라에서 2015년 기준 전체 사망자의 사망 원인을 보면 자살로 인한 사망자 수는 각종 암, 뇌혈관질환, 심장질환에 이어 4위를 차지한다. 이렇게 현실적인 주요

사망 원인이 자살이지만 가장 불명예스럽고 가장 큰 공포감 속에서 은밀하게 처리되는 것이 자살이다. 게다가 노인 인구의 급격한 증가, 가족 관계의 붕괴, 상대적 빈곤감 등으로 자살의 현실적 수요는 더 커지고 있다고 할 것이다.

사회적으로도 이미 행복을 추구할 능력이 없고 삶보다는 평안한 죽음을 원하는 노인들이나 환자들이 많다. 그런 노인들이나 환자들을 사회와 국가가 과도한 비용을 투입하여 그들의 괴로운 삶을 유지시키는 것이 그토록 가치 있는 일인지는 생각해 봐야 할 것이다. 사회의 역할은 행복을 추구할 의사와 능력이 있으나 그 과정에서 실패한 사람들을 도와주고 구제해야 하는 것이어야 한다. 사회는 사는 것보다 죽는 것이 낫다고 생각하는 사람들에게 일방적으로 삶만이 중요하다고 강요해서는 안될 것이다.

사회와 정부는 명예롭고 평안한 죽음에 대한 권리를 존중하고 선언하며 이를 법제화해야 한다. 적정한 자격요건이 되는 사람들은 신청을 통해 준비된 시간과 장소에서 가족과 함께 전문가의 도움을 받아 위로와 격려를 받으며 자신의 삶을 마감할 수 있는 권리가 주어져야 한다. 삶의 질과 상관없이 어떤 경우든 삶이 더 중요하다고 하는 사람들은 막연한 근거에 의지한 과격한 근본주의자들일 가능성이 높다. 태어나는 것은 스스로 선택하지 못하지만 죽음은 스스로 선택하게 해야 한다. 신분에 관계없이 명예롭

내가
없다

고 평화로우며 평등한 죽음의 문화를 실천할 수 있다면 인간의 삶은 더 아름다워질 것이다. 살아있는 많은 사람들이 자신의 죽음과 임종 시의 고통에 대해 생각한다. 때로는 오지도 않은 죽음의 공포가 삶 자체의 질을 떨어트리는 경우도 많다. 누구나 원하는 시간까지 살다가, 삶을 더 이상 원치 않는 때에는 존엄한 환경에서 생을 정리할 수 있는 합법적인 질서가 있다면 살아있는 기간을 더 행복하게 보낼 수 있을 것이다. 삶만이 중요하다고 말하지 말라.

행복한 세상

행복이 중요하지만 진실을 알고자 하는 우리의 열망은 행복한
마음보다 더 중요하다.

우리는 철학적 질문과 작업들을 통하여 몇 가지 상상의 체계들
을 걷어 낼 수 있었다. 민족도 없고, 신도 없고, 죄도 없고, 고통도
없고, 외로움도 없고 더 나아가 동물의 고통까지도 함께 책임지는
시대가 온다면 인간은 더 행복할 수 있다. 아울러 행복을 추구할
힘이 없을 때 스스로를 평화롭게 정지시킬 수도 있다면 행복의 완
성도는 높은 정도에 이를 수 있다.

물론 인간에게 행복만이 절대적 목표일 수는 없다. 짧은 시간
의 삶이기에 그 무엇보다 행복의 가치가 더 필요한 때가 많은 것
은 사실이다. 그러나 행복감을 뒤로하고서라도 불편한 진실과 마
주 서는 것이 질문하는 인간이 택해야 할 책임일 것이라 생각한다.

내가
없다

거기에서 자연의 진화가 멈추고 진화의 산물인 인간이 진화를 조정하고 설계하는 새로운 창조가 열리게 될 것이다.

우리의 삶 속에서 얼마나 많은 허구와 거짓과 미신이 있는지, 그리고 그런 허구와 거짓과 미신들이 우리의 삶과 생각을 얼마나 많이 지배하고 있는지를 생각하면 문명 속에서 우리가 행복을 추구하는 과정이 덧없이 허무한 일로 생각될 수 있다.

그런 허구와 미신의 견고함 때문에 인간이 스스로 생각하고 결단하는 것이 있기는 한 것인지 스스로를 비하하게 만드는 합리적 의심들이 있다. 그런 좌절들은 인간을 진실과 마주 서게 한다. 감각기관의 절대적 부족과 그 기능의 한계로 우리의 인식능력이 제한되어 있기에 인간이 알 수 있는 진실의 진리성도 확인하기 어렵다는 사실에 이르면 불가지론의 결론에 이르게 될 수도 있다. 불가지론적 결론도 어쩔 수 없는 상황이고 우리에게 주어진 사실이며 진실이다.

그러나 우리가 환경과 대단히 친밀하게 작용하면서 주어진 환경을 극복하고 유용한 진화의 과정을 밟아 왔으며 그 결과 여기 이 시간에 남게 된 것 역시 사실이다. 그러므로 우리 인간은 전적으로 무능하지만은 않다. 우리가 하고 싶은 일을 정하고 그 일을 하면서 얻는 만족은 귀중하다. 그것이 바로 행복이고 자유라고 할 수 있지만 보다 중요한 것은 역시 진실과 마주 대하는 것이다. 그러기 위해 질문해야 한다는 것이다. 그것이 철학이 하는 일이며, 인류가 더 나아갈 수 있는 희망도 철학에 있다고 믿는다.

내가
없다

행복과 진실 중
무엇을
택할 것인가?

5
CHAPTER

새로운
인류

너와 나와 그들이 벽을 허물고 공동의 행복
을 추구할 미래를 먼저 만들어 볼 수 있을 것
이다. 이를 위해 '나'와 '너'라는 닫힌계에서 나
와, 인간의 미래인 열린계의 플랫폼에서 하
나되는 확장성을 경험한다.

진화란 단지
이 시간에
여기 있는 이유이다

진화는 단지 이 시간에 여기 있는 이유이다. 진화는 생물과 무생물 모두에게 적용되는 존재의 이유에 대한 사후적 설명이다.

　지금까지의 연구 결과로는 생명은 무생물에서 나왔고 진화를 거듭해 오늘의 인간에까지 이어지고 있다. 생명이 생기고 지구는 광합성을 하여 더 많은 유기물을 만들어 내며 땅을 기름지게 만들었다. 인간은 다른 생명들의 결과물을 소비하면서 생존하고 문명을 이루어 왔다. 생명은 푸르고 활기차며 아름답다. 원시지구에서 생명이 만들어지고 여기까지 오게 된 것은 우연이기도 하고 기적이며 감사한 일일 것이다. 생명은 자유이고 진보이며 사랑으로 여겨진다. 무생물에서 진화한 생명은 어디까지 갈 것인가? 우리에게 진화란 무엇인가? 앞 장에서 살펴본 바에 따르면 생명은 기계이다.

무생물에서 시작한
진화의 끝은
어디인가?

무생물에 적용되는 물리와 화학 작용으로 설명될 수 있다. 따라서 생명은 무생물 간의 물리와 화학 작용이 신비롭게 설명된 것이다. 큰 틀에서 보자면 생명은 이 산에서 저 산으로 부는 바람이며, 이 바다에서 저 바다로 물결치는 파도이고, 마른 나무를 태우는 산불과 같은 것이다. 원자와 분자가 뭉치고 흩어지는 이합집산이다.

진화란 생명체에만 적용되는 원리 같지만 실제로는 무생물과 생물의 경계가 없다는 점에서 진화는 무생물에게도 적용되는 것이다.

진화란 단순히 무언가가 거기에 있는 이유이고 원인이다. 진화는 어떤 이론도 아니고 생명을 진보시키는 원리도 아니다. 적자가 생존한다는 것은 결과적으로 그렇다는 것이며 '무언가가 있다는 것은 거기에 어떤 이유가 있는 것이다'라는 진술과 조금도 다르지 않다. 이렇게 본다면 진화는 생명에만 적용되지 않고 무생물에도 적용된다. 사실 생명과 무생물의 경계도 없고 둘 사이에 의미 있는 차이점도 없으므로 진화는 생물과 무생물을 포함하는 만물에 적용되는 것이다.

또한 진화론은 무언가가 거기 있는 이유를 사후적으로 설명한 것이다. 이것이 만일 사전적으로 적용하는 이론이라고 하더라도, 무언가가 거기에 남게 된다면 그럴만한 이유가 있을 거라는 것과 같은 지극히 상식적인 진술에 불과하다. 진화론이 인류에 준 놀랄

만한 공헌과 통찰력을 폄하할 수 없지만 너무도 상식적인 인과론을 살짝 비튼 것에 불과하다. 물론 살짝 비튼 그 통찰이 인류를 무지에서 벗어나게 했다.

무언가가 있다면 거기에 그럴 만한 이유가 있을 것이다. 어떤 현상이 있었다면 거기엔 어떤 원인이 있을 것이다. 빛이 반짝였다면 거기에는 어떤 원인이 있을 것이다. 별이 폭발했다면 거기엔 어떤 이유가 있을 것이다. 생명이 생겼다면 어떤 이유가 있을 것이다. 그 생명이 변화하여 다른 형태로 변화되었다면 어떤 이유가 있을 것이다. 그리고 몇 차례의 형태 변화를 통하여 인간이 되었다면 어떤 이유가 있을 것이다. 생명이든 무생물이든 무엇인가가 있다면 거기에는 어떤 이유가 있고 원인이 있다. 그러므로 진화론은 생명에만 적용될 이유가 없으며 우주가 만들어지는 과정도 설명할 수 있다. 진화론이 생명에만 적용되는 것이 아니고 결과론적인 진술이라 하더라도 인간이 신의 창조물이 아니라 별것도 아닌 작은 생명에서 진화한 것이라는 주장과 그 관찰 증거들이 인류의 시각을 크게 바꾸어 놓은 것은 사실이다. 그렇다면 진화의 본질은 무엇일까? 진화는 남아 있는 것이다. 지금 있는 것이다. 최종적인 결과이다. 진화가 발전인 것처럼 보이는 면을 부정할 수는 없다. 그러나 진화란 역시 기계론적 틀 내에서 그리고 물리와 화학의 틀 내에서 설명되는 변화일 뿐이고 그 최종 결과물에 대한 설명이다.

우리에게 생명이란 큰 축복처럼 보이고 발전을 의미하는 것 같지만 큰 틀에서는 아무 일도 없다. 공기의 이동 같은 무의미한 변화이고 춤사위 같은 것이다. 거기에서 인간 존재의 의미를 발견해야한다는 어려운 과제가 있다. 이런 결론은 인간의 존엄성을 무너뜨린다고 생각할 수도 있지만 인간의 발전 방향에 대해 더 유연하게대처하는 근거가 될 수도 있다.

인간이 로봇과 큰 틀에서 봤을 땐 다르지 않고, 인간의 자아의식이 하나의 기능으로서 컴퓨터 소프트웨어와 다른 것이 아니라고 한다면 인간은 마음껏 확장의 꿈을 꿀 수 있다. 진화의 방향을조절하고 인간의 진화 이상향에 맞춰 인간을 설계하며 다른 기계와 연합하고 인간의 한계였던 자유를 꿈꿔 볼 수 있다. 진실을 마주 대하는 것을 두려워할 필요는 없다. 우리의 진화는 더 이상 여기 이 시간에 있는 이유가 아니고 우리가 만들어 가는 모습이 미래의 시간에 우리가 정한 그 장소에 있을 것이다.

존재의 허술함에
대하여

아름다운 생명과 사랑스런 인간을 분석하고 파헤쳐서 진실을 들여다보는 것은 유쾌한 일은 아니다. 신비감을 없애고 그 허술함을 보는 심정은 안타까울 것이다.

인간은 생물의 역사에서 참으로 특이하다. 이전의 어떤 생물들과도 다르고, 그 다름의 질적·양적 차이가 압도적으로 크다. 인간이 추구하는 자유, 진리, 행복, 사랑, 영원성 등은 그 개념도 아름답고 듣기만 해도 가슴이 설렌다.

모든 생물들이 생존과 번식에 몰두할 때 인간은 가치를 말하고 근본적이고 영원한 것을 추구하는 어이없는 일을 해왔는데, 이것이 인간을 기존의 모든 생물들과 차별화 했다. 인간은 동물적 본성을 유지하면서도 스스로 고귀한 존재로 진화해 왔다. 최첨단 과학이 발전하고 정보가 공유되고 누구나 인문학적인 질문을 할

내가
없다

수 있게 되면서 인간의 가치가 최고조로 올라서게 되었다. 그런데 이 단계에서 문제가 발생하게 되었다. 신이 없어지고, 생명과 무생물의 구분도 없어지고 급기야 '나'라는 자의식이 사실은 존재하는 것이 아니며 다중세포의 집단적 기능 중 하나라는 소식을 들었다. 최고의 철학과 과학과 지혜는 인간의 고귀함을 빛내 주지는 못할 망정 인간이 실은 무생물과 다름이 없다는 결론을 내리고 있다. 인간이 하나의 기계라는 결론을 내리고 있다. 이제 인공지능과 로봇의 발달로 개개인의 행복을 만들어 줄 물질적 토대가 완성을 향해 가고 있는데 사실은 인간이 단지 물질이고 허공이고 바람일 뿐이라니. 인간 존재의 허술함에 안타까움을 멈출 수 없는 일이다.

자유를 추구하고 스스로와 가족의 행복을 꿈꾸던 소시민으로서의 개인들은 늘 실패했고 고통 받았으며 그러고도 쉽사리 소멸되고 사라져 갔다.

그런데 이제는 자아라는 것이 존재하지도 않는다는 사실을 맞닥뜨린다. 이것을 받아들일 수 있는가? 인간의 유한성인 죽음을 무엇보다 고통스러워했는데 사실은 시작해 본 것도 없다는 사실, 죽을 주체가 있지도 않았다는 사실을 받아들일 수 있는가? 엄연했던 삶이 이토록 허술하고 공허했다는 사실을 받아들일 수 있는가?

물론 받아들여야 할 것이다. 아무것도 아닌 것에서 왔고, 무생물과도 다르지 않은 인간이 우주의 탄생을 추적해 내고 진화를 수

인간을 인공지능과
구별 짓는 요소는
무엇인가?

정하고 기획하는 상황을 만들었다면 존재의 허술함에 실망하고만 있을 이유는 없을 것이다. 있는 사실을 받아들이는 용기가 필요한 이유를 다시 한 번 강조한다.

진리와 진실은 받아들여야 할 뿐 실망의 대상이 아니다. 거기에서 새로운 출발이 가능하다. 거기에서 있지도 않다는 인간자아의 새로운 희망을 볼 수도 있다. 위대한 도약은 늘 실망스런 발견으로부터 시작되었다는 사실을 상기할 필요가 있다. 지구가 우주의 중심이 아니라는 허망함을 딛고 지동설을 인정하면서 우주의 움직임이 이해되기 시작했고, 인간이 신의 창조물이 아니라는 당황스러움을 무릅쓰고 진화론을 받아들이면서 인간이 진화를 기획하는 주인공이 되기에 이르게 된 것이다. 이런 예와 마찬가지로 인간 존재가 허술하고 단지 기능뿐이라는 사실을 받아들이면 어떤 도약이 가능할 것인가? 아마도 엄청난 도약이 기다리고 있을 것은 분명하다. 흥분되는 일이다.

다중의식,
모두를 위한
하나의 자아

닫힌계에 있던 인간들이 과학의 발전으로 열린계를 형성해 하나의 의식으로 뭉치는 것이 다중의식이다.

나와 너를 넘어 하나의 통합된 자아로서 다중의식의 시대가 올 것이다. 다중의식은 이 책에서 만들어진 개념이기 때문에 새롭게 정의하는 일이 필요하다. 인간은 자아를 하나의 연속성 있는 실체로 인식한다. 자아는 스스로를 존재로 의식하며 외부의 정보를 받아들이고 고통과 행복의 주체로서 자리매김 된다. 하나의 자아가 하나의 자기의식을 갖는 것은 자연스러운 일이다. 정신적인 문제로 해리성 정체감 장애를 가진 사람들은 성격이 전혀 다른 다중의 인격을 가지게 되는 일이 있지만 보통은 하나의 인격, 특히 주 성격이 발현되면 다른 인격은 자각되지 않는 것이 일반적이다.

내가
없다

이에 반해 다중의식이란 하나의 의식이 여러 사람의 인격을 동시에 가지고 여러 사람의 기억과 정체성을 동시에 대표하고 발현시키는 것을 말한다. 한 사람의 정체성과 연속성은 기억으로서 존재한다. 다중의식은 여러 사람의 기억을 하나의 인격이 대표하고 여러 사람의 자의식을 하나로 통합하여 하나의 자의식을 갖게 되는 것을 말한다. 하나의 자의식이 여러 명의 기억을 동시에 가지면서도 하나의 정체성으로 통합한다는 것이 중요하다.

여기에서 동시에 의식되고 있는 여러 사람들의 기억은 상호 인격적인 구분이 없이 하나의 인격으로, 하나의 의식으로 일체화되어 있다. 여러 사람들의 기억들이 너와 나와 그들의 구분이 없이 '나 하나'로 통합되는 것이 다중의식이다. 이를 이해하는 데는 인도의 철학서인 『우파니샤드』에 나오는 개인적 자아인 '아트만(Atman)'과 우주적 자아인 '브라만(Brahman)'의 차이에서 도움을 받을 수도 있다. '나'라는 자의식은 하나의 기능일 뿐이고 자의식의 내용은 기억이라고 할 때 여러 사람의 기억이 하나의 자의식이라는 기능에 의해 운영되고 대표되고 의식된다는 것은 이론적으로는 문제가 없다.

현실적으로 개별적인 인간들은 닫힌계에서 의식의 교환이 불가능하다. 의식이 오직 한 사람의 기억과 감각만을 자각하고 대표하며 상호 의식 간에는 교환될 수 없기 때문에 의식이 닫힌계 내에서 작동한다고 하는 것이다. 개인의 자아가 닫힌계 내에서만 작동되기 때문에 인간 상호 간의 고통과 쾌락이 오직 한 사람에게 귀속되게 된다. 그것 때문에 일단 나만 행복하면 된다는 생각은 지극히 현실적이고 일차적인 선택이 되기에 부족함이 없다.

이 책에서는 다중의식을 미래에 인간 집단 구원을 위한 최선은 아니지만 하나의 차선적인 대안으로 제시한다. 머지않아 인간의 기억은 컴퓨터를 통해 업로드 될 수 있을 것이다. 업로드 된 기억은 한 사람의 온전한 자아 내용이다. 메모리를 최대화하여 여러 사람의 기억들이 업로드 되고 이를 하나의 단일한 자아로 묶을 수 있을 것이다. 자연의 진화에서는 닫힌계가 열린계로 전환될 수 없었다. 하지만 인간의 계획 속에서는 닫힌계에 갇혔던 자아가 열린계 속으로 튀어나와 너와 내가 하나의 자아로 뭉치게 되고, 더 많은 너와 그들이 모두 하나의 '나'라는 자아로 뭉치게 된다. 이런 도약으로 우리 모두는 모두를 위한 하나의 자아 속에 '나'라는 의식으로 뭉친 다중의식이 될 수 있다. 모두가 모여 용광로 같은 자아로 죽지도 않고 소멸되지도 않는 존엄한 기계가 될 것이다.

다중의식이 된 인간이 추구해야 할 목표와 다중의식의 행복 등에 대한 문제들은 여기서 논의되기 어렵다. 그것은 다중의식이 풀어야 할 문제다. 그러나 인간의 능력을 뛰어 넘는 다중의식이 능히 좋은 결과를 만들 수 있을 거라는 믿음이 있다. 다중의식 내에 속

내가
없다

남의 행복과는
상관없이
나의 행복만 이루면
되는 걸까?

해 있는 이전의 내가 행복할 수 있을까를 묻는 것은 다중의식에 대한 이해가 결여된 것이라고 할 것이다. 다중의식은 하나의 '나'이고 더 커진 '나'이고 모두의 완벽한 '나'이다.

우리 인간은 너와 내가 합쳐질 수 있고 너와 내가 다를 필요가 없다. 너와 나와 그들이 더욱 친근해지고 사랑스러울 수 있다. 다중의식으로 진화되기 전이라도 너와 나와 그들이 벽을 허물고 공동의 행복을 추구할 미래를 먼저 만들어 볼 수 있을 것이다. 이를 위해 '나'와 '너'보다는 '우리'를 생각하고, 허상인 '민족'보다는 '사람'을 먼저 생각하고, 미신적인 '인격신의 요구'보다는 '나와 이웃의 행복'을 생각해야 할 것이다.

내가
없다

『내가 없다』를 마치며

인류의 지속되어 온 비극을 끝낼 수 있을까? 그 가능성의 출발점은 인간 문명 속의 허구들을 드러내는 일에서 시작되어야 한다. 특히 신과 민족은 이미 거짓으로 밝혀진 이후에도 가장 강력한 세력으로 문명의 결과들과 공존해 있다. 그것들이 인류의 온갖 비극을 만들어 왔고 지금도 역시 그렇다. 인간의 문명 속에서 신과 민족만 덜어 내어도 인류는 더 평화롭고 더 이성적이고 더 큰 진보를 만들 수 있다. 우리 인류의 문제점 중 90%는 신과 민족의 문제에서 온다고 해도 과언이 아니다.

인류 모두가 행복해질 수 있을까? 나는 그런 날이 올 것이라고 믿는다. 인간의 개념을 바꿀 수 있어야 한다. '나'라고 하는 자의식에 집착할 필요가 없다. 생물의 개념을 바꾸고, 인간의 개념을 바꾸고, '나'라는 개념을 바꾸면 새로운 형태의 인간 또는 새로운 인간이라 불릴 수 있는 존재를 설계할 수 있을 것이다. 인간을 작은 우리 속에 가두지 말아야 한다. 개체 간의 벽으로 이루어진 닫힌 계를 허물고 열린계에서 통합되어야 할 것이다. 오늘날 허구를 무너뜨려야 할 지식인들은 신에 의한 개인의 구원이라는 달콤함에 빠져 있다. 그 지식인들은 그들이 오늘날 지구상에서 벌어지는 끔찍한 학살 사건의 동조자라는 사실을 인정하지 않을 것이다. 오늘날 하나의 정부를 구성해야 할 정치지식인들은 민족을 팔아 지위를 유지하면서도 그들이 지구상 전쟁 중 대부분의 원흉이라는 사실을 인정하지 않을 것이다. 모든 인류가 지혜로워지기는 쉽지 않을 것이다. 그러나 허구를 파악하고, 밝혀진 진실을 받아들이는 사람들이 지금보다 더욱 더 많아진다면 인류는 비극을 끝내고 더 행복해지고 더 위대해질 것이다. 인간은 해낼 것이라고 희망적인 전망을 해 본다. 언제나 시작은 질문으로 하는 것이다. '왜'라고 물어야 한다. 그렇게 허구를 드러내면 인류의 미래는 즐거운 상상으로 가득 찰 수 있다.

내가
없다

닫힌계 인간의 의식은 개별 단위로 작동된다. 한 사람의 아픔과 행복은 오로지 그 한 사람만이 자각할 수 있다. 누군가 상처를 입었을 때 그 아픔에 대한 감각은 상처를 입은 그 사람만이 겪는 고유한 것이다. 인간이 상호의 아픔을 공감한다고 할지라도 닫힌계에 있는 자아의 고통과 행복은 상호교류될 수 없다. 닫힌계는 너와 나를 구분하는 기준이자 경계가 된다.

열린계 개별 생물체들은 닫힌계 내에 살아간다. 서로의 아픔을 공감하고 대화할 뿐 완전한 하나가 될 수 없는 것이 닫힌계라고 한다면, 열린계에서는 너와 나의 교류가 가능하다. 너와 나의 경계가 허물어지고 이합집산이 가능한 세계이다. 미래의 세계이고 미래 인류가 진보적 대안으로 고려해야 할 세계이다.

복합생명체 인간이 하나의 생명이 아니라는 성찰이다. 인간은 살아있는 생명인 세포로 구성되어 있다. 인간은 수십조 개의 생명인 세포 생명들이 구성한 생명 덩어리이고 생명군이다. 이 생명군은 사실상 하나의 생명처럼 활동하고 대사한다. 인간뿐 아니라 다른 동물들의 경우도 마찬가지다. 인간이 하나의 생명처럼 보이지만 사실은 생명군이라는 사실을 분명히 하기 위해 다세포 생물과 구별하여 복합생명체라고 명명하였다.

다중의식 다중의식은 인간의 의식이 닫힌계에서 열린계로 가는 하나의 플랫폼이다. 너와 나와 그들이 모여 다양한 기억들을 공유한 하나의 자의식을 이루는 것을 다중의식으로 정의하였다.

허구 허구란 인류 문명 속에 녹아 있는 미신이고 거짓이다. 인류 문명의 가치들과 충돌되고, 과학적 발견과 철학적 성찰들에 배치되면서도, 여전히 다수의 구성원들 사이에 강력한 영향력을 가지고 활동하는 해로운 미신들을 말한다.

내가
없다